RENÉ DAUMAL

Le Contre-Ciel

SUIVI DE

Les dernières paroles
du poète

PRÉFACE DE
CLAUDIO RUGAFIORI

nrf

GALLIMARD

De nombreux textes hindous racontent l'histoire d'un homme amené, les yeux bandés, du pays des Gandhâras et abandonné dans un lieu désert. Pour regagner son pays, cet homme errerait « vers l'est, vers le nord, vers l'occident, vers le sud ». Mais si quelqu'un, le débarrassant de son bandeau lui disait : « Les Gandhâras sont dans telle direction; marche dans cette direction », l'homme, en s'informant de village en village, retrouverait son chemin et pourrait rejoindre son pays.

Daumal, c'est l'homme qui, très tôt, a été débarrassé de son bandeau, et connaît la direction dans laquelle il doit aller.

*

René Daumal dès l'âge de seize ans conçoit un parfait mécanisme négateur; il nie systématiquement, non en vertu d'un acte gratuit, mais parce qu'il veut affirmer l'identité entre conscience et négation :

« Je veux vivre toujours d'une vie plus réelle, en rejetant dans le monde tout ce qui me limite, et dont je fais

*aussitôt une Existence, une Matière, un Objet de connais-
sance. Comme cette négation s'opère dans la durée irré-
versible, ce que je rejette hors de moi, je le rejette aussi
dans le passé. Ainsi, je ne suis véritablement que dans
l'acte de négation et dans l'instant. Ma conscience se
cherche éternelle dans chaque instant de la durée, en
tuant ses enveloppes successives, qui deviennent* matière.
*Je vais vers un avenir qui n'existe pas, laissant derrière
moi à chaque instant un nouveau cadavre* [1]. »

La négation « *pure* », loin d'être une simple opération
de la logique discursive est, pour Daumal, un « ACTE *posi-
tif* » qui lui permet à « chaque instant » de faire le point
du chemin parcouru et d'apprécier combien il s'est dégagé,
chaque fois par un acte voulu et vécu, de tout ce qui le
lie à une réalité épaisse — dépourvue de lumière. Pourtant
cette lumière existe et procède d'un « Point unique » que
le poète peut entrevoir et indiquer aux autres comme
« graine d'un Contre-Monde ». Daumal la décrit, à seize
ans, comme une substance qui permet au poète de renverser
ses facultés de perception et de pénétrer dans une dimension
opposée à ce ciel qui nous enferme :

« *La peau de lumière vêtant ce monde est sans épaisseur
et moi je vois la nuit profonde de tous les corps identique
sous le voile varié et la lumière de moi-même c'est cette
nuit que même le masque solaire ne peut plus me cacher
je suis le voyant de la nuit l'auditeur du silence car le
silence aussi s'habille d'une peau sonore et chaque sens
a sa nuit comme moi-même je suis ma nuit je suis le penseur
du non-être et sa splendeur je suis le père de la mort
elle en est la mère elle que j'évoque du parfait miroir
de la nuit je suis l'homme à l'envers ma parole est un*

1. *La révolte et l'ironie* (inédit).

8

trou dans le silence je connais la désillusion je détruis ce que je deviens je tue ce que j'aime [1]. »

Si la peau de lumière est « nuit profonde », elle est jour dans la perspective de « l'homme à l'envers », car le monde même et sa réalité ne sont que l'envers de cette lumière qui se manifeste quand le poète est capable de nier toute réalité au monde et d'assimiler sa négation au « NON » créateur [2]. Elle a pour attribut « une peau sonore », que le poète peut saisir comme « Parole-non-parlée, contenant toute vérité » ; mêlée au souffle de celui qui parle, elle est, pour Daumal, le germe qui seul donne sa signification au poème.

Dans les lignes de ce texte très dense, écrit d'un seul jet, se dessine aussi le thème, capital dans Le Contre-Ciel, d'une double mort : une mort entendue par le poète comme sa propre créature (« je suis le père de la mort ») et qui en même temps lui sert de mère [3]. A ses yeux, il est — comme chacun d'entre nous — le père parce qu' « on laisse derrière soi, à chaque instant, un nouveau cadavre » et la mère, parce qu'elle nous relie à la vie, si on la réalise devant soi à chaque instant. D'où l'aveu de Daumal d' « être amoureux de sa mort » et son mépris pour tout artifice littéraire, car il se refuse à jouer sur le memento mori des religions : « de moins en moins, je transpose poétiquement — écrit-il à propos du Serment de fidélité — je dis simplement ce qui est. Pour les autres il se trouve que cela fait des poèmes [4] ». Son langage poétique, exprimant

1. *Poésie noire, poésie blanche*, page 94.
2. Cf. *Clavicules d'un grand jeu poétique.*
3. Le thème du père-mère joue un rôle déterminant dans les poèmes de Daumal. Cf. *Clavicules d'un grand jeu poétique* (Parole-Souffle), *Le seul, Le Père mot*, etc.
4. *Lettres à ses amis*, pages 204 et 205.

une vérité, présuppose une prise de conscience, une assi-
milation profonde des thèmes dont il se fait médiateur;
il doit être direct, et viser un but précis : rendre transparent
ce « Contre-Monde » dont le ciel même nous cache la
vue.

Si la mort, étant un objet de désir immédiat, devient
naturelle, il n'en déclare pas moins : « Je crois à l'horrible [1]. »
Cet horrible est alors l'ancienne incarnation de la peur
de la mort, ressentie par Daumal enfant avec une singulière
acuité :

« Dans la nuit un mollusque grandit
— mais d'où tire-t-il sa chair ? —
il grandit avec les petites boules pâles
au creux des estomacs d'enfants :
ces boules qui s'enflent dans le ventre et sous les côtes
et qu'on appelle « peur-de-la-mort ».
C'est la peur de la mort du monde,
ce mollusque au mufle épais,
ces yeux sans regard qui rident l'espace [2]. »

— immense peur, vite vaincue :

« Dans tes bras de velours mouillé
qui glissent vers ma gorge,
dans ces cent bras mous ce qui tourne
et tourne toujours sous des sueurs blanches,

---

1. *Lettres à ses amis*, page 143.
2. *Poésie noire, poésie blanche*, page 101.

c'est ce cœur noir, cet animal
que je ne connais plus. »

ou devient une sorte de catégorie, un théâtre où gisent
tous les corps tués l'un après l'autre dans cette volonté
d'éloignement — tronçons de réalité refusés.
    Dans Le Contre-Ciel *se dessine la démarche d'un*
être qui, sachant ne pas appartenir à la chair, retient que
toute action et toute pulsion sont données pour supprimer
la bête qui l'anime ; son rôle est de dire non à tous ses
habitants, ainsi qu'à la matière, masse gluante, « mer
bouillonnante » de formes vides d'esprit. Production et
destruction, mieux génération et absorption, sont perçues
par le poète comme relevant du même principe : un principe
qui dévore et recrée indéfiniment. D'où ces sanglantes
images de cadavres semblant matérialiser le temps qui
coule comme le sang mais dans le vide, s'il ne permet
pas de sortir de « ce cercle vicieux », de ce faire *et* défaire
perpétuel. C'est que la mort, dans la perspective du poète
qui l'a intégrée, ne fait que nous déplacer, nous transférer
d'une forme à une autre, en nous imposant une atroce
épreuve :

    « Vous riez, vous riez, lui dit-il,
    — et les vieux montraient leurs crocs jaunes —
    votre rire n'est pas l'aumône
    que réclame la Gueule céleste.

    Il lui faut vos nourrissons,
    vos nez fraîchement coupés,
    il lui faut une moisson
    d'orteils pour son souper.

Elle rit, elle rit, la grande Gueule,
elle brille, elle grésille,
vous riez, vous riez, épouvantable aïeule,
mais bientôt, grand-mère, vos fils et vos filles
ne riront plus, ne riront plus.
Vous riez sous vos parasols de nuit,
ils vont craquer, ils vont craquer,
entendez rire la grande Gueule,
car bientôt vous ne rirez plus. »

L'image de « la grande Gueule », plusieurs fois reprise dans les poèmes de jeunesse de Daumal, trouve son modèle dans « la bouche mugissante » du livre X de La République *de Platon comme dans les textes de la tradition hindoue :*

« Ils se précipitent en hâte dans tes bouches terrifiantes aux crocs formidables ; plusieurs apparaissent suspendus, la tête écrasée, entre tes dents.

Comme les flots pressés des fleuves roulent rapides vers l'océan, tels ces héros se précipitent dans tes mâchoires flamboyantes [1]. *»*

Daumal part de la constatation de l'état larvaire dans lequel se trouve l'homme qui sait *avoir été arraché à l'être et introduit dans un corps. Le poète devra alors rappeler* le souvenir *de cette préexistence au monde et avertir son lecteur — comme dans* Froidement, *dernier poème de* La mort et son homme, *— en disant : « vous... »,* et rien d'autre. Pour communiquer son message, Daumal choisit comme porte-parole un enfant-prophète qui garde le souvenir de sa « mise en chair ». Une sorte de paysage

---

1. *Bhagavad-gîtâ*, XI, 27-28 (traduction E. Sénart).

est évoqué, la naissance est une représentation mimée dans la rue :

> « Je ne suis pas venu au monde,
> au commencement il n'y a qu'un grand rire,
> au coin d'une rue une poupée de plâtre
> ouvre, en suant une eau verte de rage,
> des boîtes qui ne contiennent que des boîtes,
> et sans fin des boîtes. »

et l'acte même de la naissance, un assassinat :

> « Plus loin, comme un cœur suce le sang,
> un trou dans une chair gigantesque m'aspire,
> des murs vivants, rouges et chauds,
> me traînent par la gorge,
> je ne veux plus me retourner,
> que tout à l'heure on m'assassine
> d'un coup de couteau de cuisine
> entre les deux épaules. »

★

Ce n'est pas dans la description de ce souvenir mais dans le besoin d'écarter tout ce qui est imaginaire que l'affirmation de l'identité entre conscience et négation trouve son prolongement. A l'enfant-prophète succède un poète condamné à mort, pressé de communiquer son message de paix, qui, en fait, est un message de guerre aux paresses des hommes. Daumal met en pratique le corollaire de **Spinoza** *: « volonté et entendement ne font qu'une seule* et même chose [1] ». *Ainsi qu'il l'explique, après un silence de cinq ans, dans* Les dernières paroles du poète, *il ne veut plus être seulement négateur ou consolateur : il cherche à rendre évidente sa propre démarche et à éveiller le lecteur par tous les moyens, en transformant sa propre pourriture en arbre à parole. Le poète se fait alors penseur, parce que :*

« *le poème créé par un penseur dans le but de faire comprendre, de faire vivre une vérité éprouvée par lui, ce poème engage mon être entier dès que j'ai accepté de porter mon attention sur lui. L'émotion esthétique sera peut-être moins intense, peut-être presque nulle, et pourtant cette expression juste ne sera pas seulement juste par rapport à une essence extérieure; mais juste aussi à l'égard d'une essence qui m'imprègne [2] ».*

La poésie de Daumal devient ainsi gnomique, soucieuse d'enseigner; elle ne sert plus un moi poétique mais un savoir — celui de l'Inde — dans lequel Daumal trouve confirmées toutes ses intuitions de jeunesse. Pour servir ce savoir, d'abord pressenti, puis compris, et enfin intégré, le poète se fait traducteur. Il obéit inconditionnellement aux doctrines de la tradition hindoue. Ses derniers poèmes en prose, d'un lyrisme contenu et presque caché ne sont, au fond, qu'une affirmation de cette sagesse vécue. Ils témoignent de l'immense travail accompli par Daumal pour polir son langage et atteindre ainsi à l'extrême simplicité, comme dans cet exemple où l'on retrouve le thème fondamental de son adolescence :

« *Souviens-toi du jour où tu crevas la toile et fus pris vivant, fixé sur place dans le vacarme de vacarmes des*

1. *Ethica*, II, 49.
2. *Les limites du langage philosophique*, dans *Chaque fois que l'aube paraît*, pages 143 et 144.

roues de roues *tournant sans tourner*, **toi** *dedans*, *happé toujours par le même moment immobile*, *répété*, *répété*, *et le temps ne faisait qu'un tour*, *tout tournait en trois sens innombrables*, *le temps se bouclait à rebours*, — *et les yeux de chair ne voyaient qu'un rêve*, *il n'existait que le silence dévorant*, *les mots étaient des peaux séchées*, *et le bruit*, *le oui*, *le bruit*, *le non*, *le hurlement visible et noir de la machine te niait*, — *le cri silencieux* « *je suis* » *que l'os entend*, *dont la pierre meurt*, *dont croit mourir ce qui ne fut jamais*, — *et tu ne renaissais à chaque instant que pour être nié par le grand cercle sans bornes*, *tout pur*, *tout centre*, *pur sauf toi*. »

La comparaison de ce passage de Mémorables *(1942) avec* La peau de lumière *(1924) montre la fidélité aux mêmes images*, *mais aussi l'étendue du chemin parcouru par Daumal au cours de sa brève existence. Le but essentiel du langage étant*, *pour lui*, *de communiquer aux autres une expérience vécue*, *il devient extrêmement attentif à tous les problèmes du* faire *poétique*, *afin que le poème soit vraiment* « *le vase d'une pensée* ». *En approfondissant les doctrines hindoues sur le langage*, *il en arrive à admettre que le poème a un* corps *et que la matière travaillée par le poète n'est pas seulement une matière sonore*, *mais aussi une matière psychologique. Employer un mot veut dire :* « *ébranler tout un monde d'associations*, *de sens figurés et dérivés*, *de suggestions dont il faut connaître les lois* ». *Pour Daumal*, *qui connaît ces lois*, *un mot bien employé sera*, *en soi*, « *le bien le plus précieux* ». *Il utilisera donc toutes les ressources de son art*, *non pour faire rêver de mondes imaginaires ou pour revêtir de beauté ou de laideur ce monde*, *mais* « *pour indiquer au lecteur*, *juste à temps*, *à quel niveau de soi-même et à quelle tension il doit se trouver* ». *Tenter d'obtenir ce* résultat, c'est penser que seule une certaine essence peut animer un poème digne de ce nom et que sa réussite est nécessairement liée à cette essence. Car :

« *Tout dépend de l'attitude originelle de la personne qui parle — et (comme elle ne reste pas immobile) de la danse en elle de son essence.*

Danse immobile, centre et moteur de tout mouvement. Essence silencieuse, père de toute parole [1]. »

Claudio Rugafiori

1. Lettre à J. Paulhan (vers 1936, inédite).

NOTE DE L'ÉDITEUR

Notre édition comprend :

1° *Le Contre-Ciel* (Cahiers Jacques Doucet, Édition de l'Université de Paris, 1936).

2° Les poèmes qui faisaient partie du *Contre-Ciel*, tel qu'il aurait dû paraître en 1930 chez Simon Kra et en 1933 aux Éditions du Sagittaire et que Daumal retrancha de l'édition de 1936.

Voici la table de cette édition qui n'a jamais été publiée :

Clavicules d'un grand jeu poétique. L'envers du décor.

I. *Coups de sang :* Poème pour désosser les philosophes, Le Prophète, L'entrée des larves, La Cavalcade, La Révolution en été, Dicté en 1925, Jeu d'enfant, Sorcellerie, La consolatrice, L'errant, L'abandon, L'autre abandon, Froidement.

II. *L'ennemi du jour :* Triste petit train de vie, L'étouffoir, Naufrage de nuit, A perdre sens, Feu aux artifices, La sueur panique, Creux de songe, Casse-cœur, Toujours en vain, La peau du monde, Jour, ô scandale, Le fond du sort, La nausée d'être, La Mère-Mensonge, La tête et le trou, Morale, Civilisation, La dernière race, Fièvre blanche.

III. *La mort et son homme :* Le Pays des Métamorphoses, Défi, La pierre lucide, Le Grand Jour des morts, La peau du fantôme, Il suffit d'un mot, La seule, Nénie, Perséphone, c'est-à-dire Double-Issue, Nymphe liminaire, La fameuse surprise, La désillusion, Après, Exactement à deux doigts de la mort, Le serment de fidélité, A la Néante, « Dévorées mes filles magiques » (publié sous le titre : Le seul).

IV. *Les silences du tonnerre :* Feux à volonté, Préliminaires, Brève révélation sur la mort et le chaos, Vaine prière aux éléments, Le partage, La chute, L'enfui tourne court, Comment tout recommence, Je parle dans tous les âges.

3º *Les dernières paroles du poète.* Sous ce titre, qui n'est pas de René Daumal, ont été réunis :

— Tous les textes poétiques en prose écrits à partir de 1935.

— Certaines traductions de textes sanskrits en vers, choisis pour leur caractère éminemment poétique.

— La petite chrestomatie *Quelques textes sanskrits sur la poésie* parue en 1942 dans le numéro 19/20 de la revue *Fontaine.*

C. R.

Le Contre-Ciel

à Roger Gilbert-Lecomte.

J'hésitais à publier ce recueil. Je sais qu'on n'apprend pas à nager en un instant, qu'il faut avoir barboté pour le plaisir, pour se donner du mouvement, avant même de bien savoir qu'il y a des rivières à traverser. Mais on ne donne pas spectacle de son apprentissage. Pourtant, quelques personnes que j'estime m'assurent qu'il y a là déjà des regards sur des rives réelles, que ces écrits ne m'appartiennent plus et qu'ils peuvent servir à d'autres. Je cède, mais en prenant quelques précautions.

L'essai sur la création poétique par lequel commence ce livre a été écrit il y a environ six ans. Je n'en ai retranché que quelques erreurs de fait. Le reste, dans sa lettre, n'est pas sans vérités, mais c'est depuis peu de temps que quelques-unes de ces vérités ont pris corps en moi, et je les dirais aujourd'hui plus simplement. Des autres, qui ne sont pas mûres, je ne parlerais pas du tout. Voici cependant cet essai, tout téméraire qu'il soit. Je commençais seulement, en l'écrivant, à me débarrasser du jargon philosophique et d'un certain pathétique facile. Mais il y avait là quelques germes de pensées; et, comme les substances chimiques à l'état naissant, ils ont peut-être des vertus particulières.

Si quelque jour je fais un poème, on comprendra ma répugnance d'aujourd'hui à appeler de ce nom les pièces lyriques qui suivent, et qui sont plus anciennes.

C'est plus près du cri que du chant. C'étaient des coups de soupape en attendant mieux. J'ai trouvé mieux, pour délier la plupart des tourments que ces épanchements calmaient mal. Mieux et plus simple. Un seul peut-être de ces tourments ne peut se réduire, parce qu'il ne vient pas du dehors, et ce sont les traces de ce tourment, ici encore à l'état naissant, qui peuvent faire excuser la publication du reste. Désapprendre à rêvasser, apprendre à penser, désapprendre à philosopher, apprendre à dire, cela ne se fait pas en un jour. Et pourtant nous n'avons que peu de jours pour le faire.

1935.

I

CLAVICULES
D'UN GRAND JEU POÉTIQUE

Il faut qu'un vienne et dise : Voici, ainsi sont ces choses.
  Pourvu que ceci soit montré, qu'importe celui qui
  peut dire : J'ai fait la lumière.
Et la lumière, aussi bien, n'est à personne.

> *S'il y a quelque chose de vrai dans ces* Clavicules, *je*
> *n'oserai pas plus le signer de mon nom que la proposition :*
> $$315.789.601 + 2.210.333 = 317.999.934$$
> *que je suis pourtant, très probablement, le premier à*
> *avoir formulée explicitement.*
>
>   *Quand le mot « je » intervient dans le poème ci-dessus,*
> *c'est comme énonçant un être métaphysique, ou plutôt*
> *un moment dialectique, et non pas ma personnalité.*

2

NON est mon nom
NON NON le nom
NON NON le NON.

L'esprit individuel atteint l'absolu de soi-même par négations successives ; je suis ce qui pense, non ce qui est pensé ; le sujet pur ne se conçoit que comme limite d'une négation perpétuelle.

L'idée même de négation est pensée ; elle n'est pas « je ». Une négation qui se nie s'affirme elle-même du même coup ; négation n'est pas simple privation, mais ACTE *positif.*

Cette négation, c'est la « théologie négative » dans son application pratique à l'ascèse individuelle.

3

Recule encore derrière toi-même et ris :
Le Non est prononcé sur ton rire.
Le Rire est prononcé sur ton NON.
Renie ton Nom, ris de ton NON.

Je pourrais te répéter cela tout le jour pendant des années, il est très probable que, même et surtout si tu me dis comprendre, tu ne feras pas l'expérience. Profite donc tout de suite de l'occasion, à l'instant même où tu me lis — mais oui, c'est à toi qui me lis à cet instant précis que je m'adresse, à toi tout particulièrement, demande-toi sérieusement :

« Que suis-je ? » Tu apprendras à rire ou à pleurer de tout ce que tu croyais être toi-même (ton aspect physique, ta cœnesthésie, ton humeur, ton caractère, ton métier, ta position sociale, tes penchants, tes affections, tes opinions, tes vertus, ton talent, ton génie...) L'ironie, je veux dire le refus, est l'arme qui brise toutes ces coques. Fais alterner le doute méthodique avec le sarcasme métho-

dique : ainsi tu éviteras peut-être la momification intellectuelle.

Si mon désespoir pouvait te toucher, je persisterais encore, jouant sur ce sentiment, dans cet effort désabusé pour t'engager à quelques secondes de réflexion véritable.

4

et de là contemple :
Une Mer bouillonnante devant toi;
le mot OUI brille innombrable, reflété par chaque
  bulle.
Mâle le NON, il regarde la femelle.

Le même acte négateur qui fait le sujet conscient fait l'objet perçu. S'éveiller, c'est se mettre à penser quelque chose extérieur à soi-même; celui qui s'identifie à son corps, ou à quoi que ce soit, tombe dans le sommeil.

La négation est un acte simple, immédiat et procréateur, autant vaut dire mâle. Ce qui est nié, pris en général et a priori, peut être considéré comme le principe commun à toutes les apparences, donc comme femelle.

L'acte de nier, privé, par définition, de toute détermination positive, est identique à soi dans son mouvement perpétuel; l'objet nié surgit sans cesse, multiple et divers, comme ce qui n'est pas moi, ce qui n'est pas fait de ma réalité substantielle, comme, selon la Kabbale, un vide, une bulle dans la substance absolue.

5

Elle est son sacrifice et sa créature, puisqu'elle est toute Robe dont il s'est dépouillé.

Elle est sa connaissance, puisqu'il l'a, devant lui seul sujet, projetée, objetée, seul objet.

Elle est son amour, puisqu'elle est Tout ce qu'il n'est pas.

Le Mystère est réversible : crains la folie.

> *Ici nous touchons aux vieilles légendes sur la création, ou plutôt sur l'émanation du Monde. Le fond commun des antiques cosmogonies, transposé de l'ordre du macrocosme dans celui du microcosme, devient le schéma d'une ascèse individuelle pratiquement applicable à tout moment.*
>
> *Or, c'est dans une application pratique immédiate que réside le signe discriminant de la vérité et de l'erreur métaphysique.*
>
> *Une métaphysique pourrait renaître comme Science des limites ascétiques.*

6

Ne cesse pas de reculer derrière toi-même.

Et de là contemple :

Le pur NON que l'on salit de noms de dieux vit bouillonner le monde en robe de bulles :

il projeta, il évoqua cette nature,

il vit, il connut cette nature,

il aima cette nature.

Ici la folie garde toujours le secret sur le Renversement
du Mystère.

> *La véritable causalité est la création consciente, inté-*
> *grale de l'effet par la cause. Ce qui est conscience et cause*
> *à la fois, c'est l'acte négateur par lequel s'appréhende*
> *le sujet et se projette l'objet.*
>
> *Le rapport de causalité entre le sujet et l'objet repose*
> *sur l'acte même qui les sépare. Le rapport de connais-*
> *sance entre eux repose sur le* fait accompli *de leur sépa-*
> *ration.*
>
> *Il y a en troisième lieu entre sujet et objet un rapport*
> *d'amour, qui repose sur l'affirmation de leur* identité
> *principielle* malgré leur séparation.
>
> *Si tu veux te donner la peine de méditer là-dessus,*
> *prends note de ce conseil; fais très attention lorsque tu*
> *passes de l'ordre microcosmique à l'ordre macrocosmique,*
> *ou inversement; autrement dit, de l'ordre ascétique à*
> *l'ordre métaphysique, ou inversement. L'un t'apparaîtra*
> *souvent comme le reflet renversé de l'autre; car à l'égard*
> *du macroscosme, le microcosme est sujet. Je te répète*
> *que ce point est dangereux; mais après tout, personne*
> *ne t'oblige à t'occuper de ces questions.*

7

Absurde d'être inclus dans une infime des innombrables
bulles — provoquées, évoquées, projetées — un NON
se prononce JE et JE regarde :
JE suis la cause de Tout ceci, si je suis NON,
JE suis le connaisseur de Tout ceci, si je suis NON,
JE suis l'amant de Tout ceci, si je suis NON.

Absurde d'être, mais de n'être pas NON, absurde liberté,
   absurde vérité, absurde amour,
l'étant — ne l'étant pas — je le deviens.

> *Je conçois l'acte de prendre conscience comme une néga-
> tion, mais il s'en faut que cette négation soit immédiatement,
> actuellement absolue.*
>
> *Cette contradiction entre ma notion d'être absolu et ma
> condition d'individu limité se résout, selon la première
> triade motrice de la Dialectique : « Être, Non-Être, Deve-
> nir », dans la nécessité de l'acheminement de ma nature
> bornée vers l'être absolu.*
>
> *L'acte de conscience, par son renouvellement, se fait
> durée. Et le temps n'est que le schéma de la prise de
> conscience, de l'aperception qui se réalise comme durée.*

8

Je me retranche encore de moi-même derrière moi-
   même et je vois dans la Mer bouillonnante des OUI qui
   aspirent à des formes vivantes.
Sous mon regard qui nie, un nœud de bulles s'affirme
   et s'organise en systèmes de mouvements coopérant
   en cercles.
Ainsi un corps vivant, de voiles physiques et non-
   physiques, s'isole individu dans la Mer bouillonnante
   où des multitudes d'autres s'organisent aussi
                  et déclare :
               « je suis à toi ».

A la contradiction de la conscience parfaite conçue mais non réalisée correspond, dans le domaine des formes, la production dans la Matière première niée a priori, d'êtres organisés, c'est-à-dire de créatures limitées dans l'espace, qui groupent, autour du principe de vie, mâle et négateur, des systèmes de mouvements collaborant pour donner à l'ensemble une tendance à durer. Ces mouvements sont ceux, corporels, des appétits, et leurs aspects sentis, les désirs.

Ainsi s'organise et se conserve l'individualité, qui s'attache à la conscience si bien que celle-ci s'accoutume profondément à la penser comme sienne, sinon comme soi-même.

9

Car le NON voulant se parler universel, il soulève les voiles niés-apparus, qui s'attachent à lui, et me voici Lui-même dans la Prison vivante.
J'ai forme, ayant renié toute forme.
L'image visible de la souffrance est multitude.

Et tu t'affranchiras de tes limites lorsque tu auras pensé et fait : cette individualité, c'est mon vêtement, ce n'est pas moi. Du même coup, tu percevras comme objet ton propre individu, et les innombrables individus qui t'entourent, dont la nature est d'être foule.

Un individu, c'est l'illimité se pensant limité, donc privé de soi-même, torturé dans une forme particulière. Si tu comprends ceci, tu ne cesseras plus de voir le spectacle atroce d'une foule de souffrances visibles sous les formes des corps.

Je subis tout ceci, de l'Autre je pâtis, moi dont le NON
    évoqua tout ceci, qui me reniant fit apparaître l'Autre;
il y a quelques joints à cette cuirasse, pour le passage
    si rare de la liberté, communément les actions désin-
    téressées, petit jeu articulaire.

> *La contradiction essentielle à la conscience individuelle*
> *exige d'être surmontée. Elle l'est par l'abnégation, qui, dans*
> *le domaine de l'action, a pour conséquence l'acte désin-*
> *téressé ; puisque je cesse ainsi de me tenir pour un vêtement*
> *ayant sa fin en soi. Il n'est pas d'autre* Morale.

11

L'ignorance me recouvre, moi dont le NON contempla
    toute existence, connut l'Autre, vit la sagesse;
il y a quelques joints à cette cuirasse, pour le passage
    si rare de l'intuition, communément cinq sens,
    fissures limitées.

> *C'est la même nécessité ascétique immédiate que nous*
> *prendrons pour fondement de la vraie* Science; *qui doit être*
> *connaissance immédiate, c'est-à-dire intuition : l'intuition*
> *chez l'homme ordinaire étant limitée à l'exercice de quelques*
> *sens séparés, dont les imperfections sont, par bonheur, assez*
> *connues.*

Et je dis : Je! et la haine m'isole, torturant le NON dans
la complexité de ma forme, moi dont le NON évoqua
tout ceci, vit toutes choses une seule, la Niée devant
le NON s'affirmant, et qui fit d'elle et de lui l'union;
il y a quelques joints à cette cuirasse, pour le passage
si rare de l'amour, communément des gestes d'épou-
vante, de joie et de désespoir, échangés avec l'Autre
par les joints d'une autre armure.

*A partir du même moment ascétique se construit la dia-
lectique de l'amour. La contradiction inhérente à la
conscience individuelle est prise ici en tant que sentiment.
La contradiction qui est entre individuel et universel est
réellement la même qui est entre satisfaction de soi et désir
de se dépasser soi-même. Le sujet aimant tend à s'identifier
à l'objet aimé ; il arrive par conséquent à le connaître intui-
tivement comme il se connaît soi-même par aperception.*

*L'amour suppose donc une séparation entre sujet et objet,
et une tendance du sujet à franchir cette séparation. Aussi
est-il à la fois douleur et joie. Et il se détruit dans son
propre accomplissement, la fin de l'Amour étant l'Unité.
Dans chaque mode de l'existence, l'acte d'Amour apparaît
dans des actions particulières ; comme dans l'apparence
physique* [1].

1. Le monde dit *physique* (on dirait mieux mécanique)
peut être défini ainsi :
« Une représentation de l'existence telle que la forme
a priori de cette existence soit la loi d'extériorité mutuelle
des objets qui s'appelle *espace.* »
On peut prendre l'Espace comme le symbole de la forme
a priori de l'existence, mais seulement comme symbole.

... les gestes étranges,
Que pour tuer l'amour inventent les amants [1].

Aussi l'amour vrai, celui qui n'est pas une simple systéma-
tisation des désirs individuels autour d'un objet physique-
ment, psychologiquement et socialement commode, n'aveugle
pas mais illumine.

13

Comment le Non, se voulant libre, se libère : il se refuse
  à toute action conforme aux cercles vivants de sa
  prison;
reniant les mouvements cycliques qui l'enferment, il les
  laisse se développer, se joindre à l'universel mouve-
  ment; il permet tout mouvement harmonisé à la
  nécessité universelle et ce mouvement seul, déterminé
  et libérant, il le permet.

La liberté dans l'ordre de l'action, c'est le reniement de
toute action d'égoïsme conservateur. Brièvement, ce refus
de toute action conforme au statu quo *individuel correspond*
à une adhésion complète au déterminisme dialectique uni-
versel. En effet, si je cesse de me penser comme un vêtement
ayant sa fin en soi, « mon » individualité n'est pas plus « moi »
que le reste de l'univers. (Cette vérité est le thème fonda-
mental de la Bhagavad-gîtâ *par exemple.)*

1. Paul Valéry, *Album de Vers anciens.*

Comment le NON, voulant connaître, illumine :

il se parle dans les profondeurs animales, dans les ombres
    mentales il se parle aussi;

reniant toute vision troublée par la nature vivante des
    murs qui l'enferment, il s'élève, toujours niant,
    identifiant et reniant, à la compréhension de l'Uni-
    versel, selon la Dialectique;

il permet toute explication de l'apparence selon la néces-
    sité dialectique universelle, cette explication seule,
    déterminée et illuminante, il la permet.

*La Science, de même, doit reposer sur la même nécessité
ascétique. Le progrès de la science vraie, c'est l'extension
graduelle aux objets de la connaissance du mode d'appréhen-
sion du sujet par lui-même.*

*La science occidentale contemporaine n'est dans une large
mesure qu'une divinisation de la technique; elle serait
admirable en tant que technique, mais elle prétend être
connaissance. Elle ne peut l'être, car elle part du statu quo
humain pris comme tel, sans en faire la critique.*

*De là les extraordinaires complications de nos philosophies
des sciences; toutes, ou presque toutes, veulent jeter un œil
critique sur les modes de la connaissance; mais l'objet de
la connaissance dans sa donnée immédiate, elles oublient de
l'examiner. Ou bien elles le font superficiellement, car elles
manquent d'un principe indispensable : pour comprendre
un objet, il faut être capable de le créer, au moins de le
recréer idéalement a priori. Ce principe est celui de la
raison objective de Hegel, s'il m'est permis de prendre ce
philosophe à la lettre.*

Comment le NON, se voulant Autre, éclate d'amour :
il refuse le repli sur elles-mêmes des vies nombreuses
    encloses en système d'individu, il les laisse s'élan-
    cer vers la vie une que leur division tourmente,
    vers la vie de l'Autre;
reniant l'immobile cristallisation de froide pierre morte
    des formes vivantes qui l'enveloppent, il laisse jaillir,
    par de saignantes blessures, les vies souffrantes vers
    d'autres vies souffrantes isolées aussi de la Mer
    commune, de la Mer-une douloureusement séparées;
il permet tout élan du multiple animal vers la Femelle-
    Aïeule première, renaissante ici telle ou telle, cet
    élan seul irrésistible d'amour, cet élan seul, qui fait
    l'écorce vivante éclater d'amour, il le permet.

> *A la même lumière perpétuellement active dans son
> immobilité, les fonctions organiques qui concourent à
> l'entretien de la forme corporelle et celles, plus subtilement
> organisées, qui constituent dans le corps les corps des mul-
> tiples désirs particuliers se dénouent ; puisque je cesse de les
> penser comme ma nature ou ma propriété, ils tendent aus-
> sitôt à se réunir à la nature, qui cesse du même coup d'être
> pensée comme extérieure. Ils apparaissent comme des ani-
> maux depuis longtemps enfermés dans une peau humaine et
> qui, délivrés, cherchent à rejoindre les hordes de leurs
> semblables.*

Or le NON se parle,
  se parle évoquant tout ceci,
  se parle connaissant tout ceci,
  se parle aimant tout ceci.
Recule encore derrière l'ombre de toi-même,

> *Si l'acte suprême de la conscience veut s'exprimer, il ne le fera parfaitement qu'en manifestant la synthèse de ses trois aspects : création, ou mieux évocation des formes reniées ; connaissance des formes niées et conservées ; inté- gration des formes à la conscience par l'amour.*
>
> *C'est pourquoi cette expression sera d'autant plus vraie, plus proche de la perfection, que le sujet se sera plus approché de cette réalisation.*
>
> *Il faut entendre dès maintenant que toute poésie a sa racine dans l'acte immédiat de négation. Le poète prend conscience de soi-même en faisant apparaître les formes qu'il renie et qui deviennent par là même les symboles, les aspects sensibles de son ascèse : il s'exprime par ce qu'il rejette et projette de soi, et si l'on dit admirables les images qu'il nous propose, c'est toujours au « NON » caché derrière elles que va notre admiration. Si le mystère de la manifes- tation doit se renverser, c'est encore lorsqu'un homme lit le poème ; il doit, s'étant empli des émotions, des sentiments, des certitudes qu'il suscite, s'étant consciencieusement incorporé ces éléments, les supprimer un à un par négations persévérantes ; il remontera ainsi jusqu'à l'évi- dence poétique qui fut le germe et qui est l'essence du poème.*
>
> *(Ce mouvement de retour, laissé d'ordinaire à l'initia- tive du lecteur, Stéphane Mallarmé l'introduisit dans le corps même du poème, effectuant, pour telle image évoquée d'abord, l'ascèse négatrice qui miraculeusement rend visible*

d'une chose son néant essentiel [1]. *Les mots « aboli bibelot »
imposent par le terme « bibelot » une image concrète qui est
d'avance niée par le terme « aboli », si bien que la représen-
tation suggérée n'est pas celle d'un néant quelconque, mais
du néant d'un bibelot. Par toute la poésie de Mallarmé se
retrouve le souci de l'ascèse dialectique de l'image, posée,
niée et conservée, qui témoigne d'une vue singulièrement
lucide sur l'extrême mystère poétique.)*

17

et de là
   plaçant ton œil suprême au zénith,
   prononçant ton JE suprême du zénith,
                     regarde :

*En se surmontant indéfiniment soi-même, en s'élevant
indéfiniment au-dessus de soi-même, l'homme parvient à
l'absolue lucidité. Comme l'ascension à ce point de vue est
génération et absorption des formes, le poète est, au moins
implicitement, à la fois créateur, connaisseur et amant. La
connaissance lui révèle dans une intuition totale les lois de
l'harmonie, des consonances vocales, des rythmes respira-
toires, des réactions viscérales, engendrés par les sons et les
mouvements du souffle. La création et, par reflet, la récita-
tion ou la lecture d'un poème entraînent des réactions orga-
niques. L'emploi de certains vers (par exemple, dans l'Inde,
ceux des Védas, qui sont d'ailleurs nommés des « mantras »
ou « pensoirs ») comme soutiens et guides de la méditation
tire de ce fait sa raison.*

1. Rolland de Renéville, *L'Expérience poétique.*

Éveillés par l'amour, les animaux de ton corps veulent
    sortir.
Le serpent se déroule à la base de ta moelle.
Le lion s'étire dans ta poitrine.
L'éléphant heurte à la paroi de ton front.

> *La matière première de l'émotion poétique est un chaos*
> *cœnesthésique. Un mélange confus d'émotions diverses est*
> *d'abord douloureusement senti dans le corps, comme un*
> *grouillement de vies multiples qui cherchent à s'échapper.*
> *C'est d'ordinaire ce sentiment pénible qui force le poète à*
> *prendre la plume, qu'il le ressente d'ailleurs comme un*
> *vague et impérieux besoin de s'extérioriser ou d'une façon*
> *moins grossière.*

Et mille autres animaux grouillent, se détendent,
    s'élancent vers les orifices de cet homme.
Et leurs voix se résument en SOUFFLE, en souffle
    encore chaos contenant tous rythmes, en souffle
    souffrant encore d'être diffus et multiple.

> *Les mouvements respiratoires ont ce curieux privilège*
> *d'être modifiés, modulés par tous les mouvements passionnels*
> *qui agitent le corps, et, de ce fait, d'en être l'expression*
> *brute et le résumé, tout en restant soumis à ce que nous nom-*
> *mons le contrôle de la volonté. C'est pourquoi nous pren-*

drons la matière première de l'émotion poétique dans sa
manifestation respiratoire. Tout le contenu affectif du
poème est présent dans le souffle — plus ou moins long ou
court, égal ou inégal, continu ou saccadé, bref dans l'inspi-
ration et prolongé dans l'expiration, ou inversement,
suspendu après l'inspiration ou après l'expiration, etc. —
il est tout entier dans les modifications du souffle du poète
mais dans un état chaotique où les émotions se contrarient
mutuellement ; d'où le sentiment d'oppression, d'étouffement
ou au contraire d'ivresse et d'enthousiasme qui précède
d'ordinaire la création poétique ; les élans impétueux des
vies animales réveillées par la méditation primitive se font
obstacle les uns aux autres, si bien que cette véhémence
respiratoire n'arrive même pas à se résumer dans un cri.

A plus forte raison, elle est impuissante encore à s'expri-
mer en mots. Il n'y a pas de relations toutes faites entre le
tumulte viscéral et les automatismes du langage ; les mots
ne s'imposent à la marée pneumatique des passions que par
l'intermédiaire de l'image. Or le chaos lyrique ne se cristal-
lisera en image que sous l'impact d'une énergie extérieure.

20

Plaçant ton œil suprême au zénith, regarde,
prononçant du zénith ton JE suprême :
jaillie de la pure vision, la lumière brille.
Elle brille de *l'Évidence Absurde,* de la certitude doulou-
    reuse cherchant le mot si clairement introuvable,
    si simplement ineffable, cherchant la Parole une qui
    proclame l'Évidence absurde.

 Ce fiat *transcendant de la création poétique, opposé,*
comme un pôle à l'autre pôle, à l'effervescence confuse des

*esprits animaux, c'est le pur sujet à cet instant douloureuse-
ment conscient de la contradiction entre sa réalité, conçue
par négation de tout attribut comme absolue, et le bouillon-
nement animal que cette négation même a suscité dans un
corps humain. Ce pur sujet contemple les formes vivantes
qu'il a évoquées : mais pourquoi ces formes sont-elles ainsi
et non autrement ? Ma progression vers une Non-multi-
plicité, une Non-particularité me révèle une existence
multiple et particulière, que je vois comme une nécessité
rigoureuse et comme une absurdité d'autant plus grande que
je la vois plus clairement.*

*(Tu ne comprends pas très bien ? Mais comment pourrais-
tu ? As-tu seulement fait l'expérience ? Pas encore. On
remet cela à plus tard ; on a toujours le temps ; et puis,
quoi, on voit bien d'avance de quoi il s'agit... — mais non,
pas du tout. Tu as bien souvent dit toi-même qu'on ne
pouvait expliquer à un aveugle-né ce qu'est la couleur
bleue...)*

Celui qui voit l'absurde *souffre ce supplice :* avoir le Mot-
de-la-fin-de-tout *sur le bout de la langue, mais impro-
nonçable.*

21

Parole condensant toute lumière, Parole encore non
parlée, contenant toute vérité, Parole encore souf-
frant d'être muette comme le hurlement silencieux
entre les mâchoires paralysées du tétanique.

*Toujours sur le point d'être prononcée, cette Évidence
est la Parole unique et suprême, qui n'est jamais dite, mais
qui se cache derrière les mots des poètes et les soutient. Si*

le Poète prononçait ce mot, le monde entier serait son Poème ; il aurait anéanti le monde en le recréant en soi. L'interdiction de prononcer les grands mots sacrés veut dire cette puissance terrible du Verbe, et l'impuissance humaine de notre parole.

22

— au zénith toujours plus haut ton œil suprême,
du zénith parle le JE suprême —
SOUFFLE diffus,
PAROLE muette,
au sein du Chaos poétique s'accouplent dans la douleur.

Nous sommes parvenus au point critique de la manifestation poétique. D'un côté, un absolu muet, ne pouvant se manifester, puisque, par définition, il ne se détermine qu'en niant toute détermination. En face, une confusion mouvante et incoordonnée de formes n'existant que pour cet absolu muet, se contrariant, une Parole qui ne dispose d'aucun moyen d'expression, de l'autre un souffle, renfermant une foule brute d'expressions possibles, mais seulement possibles, privées de sens. De l'essence absolue et du possible, dont la contradiction est souffrance, naîtra l'existence du poème.

23

Dans la douleur, ô la joie d'une braise!
Dans la peau d'homme du poète, cette union!

Un râle encore, un râle d'outre-chair, un râle d'outre-
  ciel avant l'enfantement,
puis un court silence de mort,
puis :

> Le champ de cette bataille, c'est un être humain, le poète.
> Son individu est le nœud du mystère créateur, où se ren-
> contrent l'atroce douleur de la contradiction, et la joie cor-
> rélative de la résolution. Un instant, le poète goûte ce
> moment solennel de la contradiction poussée à son paroxysme,
> moment dont le contenu est la souffrance totale actuelle,
> coexistante avec la Joie totale possible à fleur d'existence.
> Si j'étais poète, je te dirais :
> « Mais comment trouverais-je les mots capables de te
> guider sur le chemin de cette expérience ? Il s'en faut de peu
> que je n'abandonne cette tâche d'écrire, pris dans ce
> dilemme : ou bien tu es aveugle et tous mes efforts seront
> vains pour t'expliquer ce qu'est la couleur bleue ; ou bien
> tu vois et il est inutile que je te parle de la couleur bleue.
> « Mais si, aveugle, il y a la moindre chance pour que tu
> commences à pressentir la lumière, cela vaut la peine que
> je poursuive.
> « Laisse-moi donc, dans l'ombre, te parler de la lumière
> future. Comme la fonction crée l'organe, à force de désespé-
> rément tendre ton visage en avant, à force de mimer celui
> qui commence à voir, il te viendra des yeux.
> « Laisse-moi donc te parler de ce moment dramatique
> où la Parole n'est encore que le schéma douloureux d'un
> râle muet... As-tu un avant-goût de ce silence gros de
> tonnerre ? » C'est cela qu'il pourrait dire, le poète, s'il
> existait.

La Parole s'installe dans la gorge, dont elle ouvre les portes.

Le Souffle s'assemble dans la poitrine, dont il distend les côtes.

Or le Souffle cherche à sortir, et la Parole a ouvert l'orifice de la gorge.

> *La parole sensible a son siège dans l'appareil vocal. Chaque son, chaque mot, lorsque je l'imagine, dispose cet appareil d'une façon particulière ; il me suffit alors d'envoyer à travers mon larynx et ma bouche l'air emmagasiné dans mes poumons, pour émettre ce son, pour prononcer ce mot. La substance de la parole est donc l'énergie respiratoire, le sens de la parole lui est imposé par le mot imaginé et, plus loin que le mot, par l'idée saisie à l'occasion du mot.*
>
> *C'est une parole tendant incessamment vers la Parole absolue qui prépare ainsi les organes de l'élocution chez le poète. C'est cette absolue Parole-non-parlée qui est le sens véritable du poème. C'est ce Mot imprononçable qui, sous la pression du souffle impatient, se déforme jusqu'au point où il imprime à l'appareil vocal une disposition telle que le souffle puisse s'échapper. Autrement dit, le souffle pour se libérer exige que la Parole imprononçable se dégrade peu à peu pour devenir prononçable, fonctionnant comme une soupape de sûreté pour le trop-plein de l'Évidence qui risquerait de tuer le poète. D'autre part, puisque c'est juste au moment où le Mot devient prononçable qu'il est prononcé, la parole poétique est, de tous les modes humains d'expression, nécessairement le plus juste, le plus proche de la parole absolue.*

A peine un râle encore, cette fois de prélude, et
Victoire, tumulte, clameurs libres par leur union dans
   l'éclair d'une image, des bêtes naguère captives
   emmêlées!

> *La parole mâle et le souffle femelle s'accouplent dans
> l'enveloppe humaine du poète. C'est à dessein que je conserve
> l'antinomie entre les genres grammaticaux des termes
> « parole » et « souffle » et leur sexualité dialectique ; il convient
> toujours d'entendre par là cette réversibilité et ce balance-
> ment, selon lequel le mâle se pense parfois aussi bien femelle
> et la femelle mâle.*
>
> *Cela précisé, je puis parler, je le répète, sans figure de
> rhétorique, d'une union réelle de la Parole et du Souffle
> dans la gorge du poète. C'est à ce moment que tout le contenu
> désordonné du souffle, cette nébuleuse atomique d'images
> dissociées aux intentions contrariantes, reçoit le choc de la
> Parole, qui lui impose la forme et le sens, et en fait surgir
> une image éclair.*

Et la Parole parle!
Et le Souffle souffle!
La Parole délivre les cohortes du langage.
Le Souffle anime et meut les mots.

> *L'image est la première manifestation, comme une pre-
> mière hypostase, de l'acte poétique, elle est la Matière-
> Souffle saisie par la Forme-Parole. L'image immédiate est,*

la durée d'un éclair, le seul aspect du monde pour le poète ; elle est sa monade, projetée déjà pour lui, mais n'existant encore qu'en lui. Les discriminations en images visuelles, auditives, tactiles, etc., ne viennent que plus tard. Pour l'instant, toute la vie bouillonnante qui cherchait à s'élancer hors du poète, ayant trouvé dans un schème vocal établi par la Parole sa seule issue et sa forme, se trouve violemment expulsée ; elle se tapisse maintenant, elle éclabousse une sphère creuse au centre de laquelle est le poète. Et cette bulle qui va tout à l'heure se résoudre en mots proférés, puis renaître, se résoudre à nouveau et d'elle-même encore renaître, engendre aussi le « délire poétique » dont parle Platon dans le Phèdre; c'est l'acte d'imaginer, instantané par essence, qui naît, meurt et se retrouve dans la durée.

Par le moyen de l'image et grâce à son caractère d'extériorité déjà, des corrélations s'établissent entre les mouvements vitaux délivrés et les mécanismes du langage. La Parole essentielle n'est donc pas affectée par les formes verbales qui tendent à l'exprimer. Car elle ne s'exprime pas directement elle-même ; elle est le Mot-de-passe, la porte libératrice qui permet aux élans du chaos lyrique de trouver, par l'intermédiaire de l'image, les mots qui leur conviennent. La Parole ouvre la bouche du poète ; et c'est le souffle qui parle à sa place, avec autant d'approximation que l'instrument humain le permet.

27

Et l'Idée repose dans la Parole
Et les bêtes-passions vivent dans le souffle,
leur danse selon l'Idée de la Parole est rythme libre.

> *L'idée est la première détermination, universelle et a priori, du non-déterminé, et la Parole est le premier acte*

de l'Idée dans la création poétique. C'est à la poursuite de cette Idée que jaillissent les formes poétiques dans lesquelles vivent intégralement toutes les émotions qui agitaient en désordre le poète. Les deux pôles de la manifestation poétique, mâle et femelle, sont l'Idée sans attribut et la matière première contenant tous les attributs possibles. Le poète sans passions en puissance est stérile ; le poète qui n'aurait que ses passions serait privé de sens et pourrait tout au plus pousser des cris discordants.

L'image se réalisant en mots laisse à sa place un vide soumis à la même forme, la Parole ; dans ce vide se projette en image une nouvelle bouffée de souffle. Le rythme poétique est essentiellement cette persistance de la Parole sous le flux des paroles. C'est cela qui fait le rythme lui-même ; les caractères extérieurs du rythme ont leur raison dans la violence plus ou moins grande des passions, la longueur ou la brièveté du souffle, etc. Finalement, le rythme est la discipline sous laquelle les animaux humains trouvent leur seule libération.

La création verbale est d'ailleurs un cas particulier de l'acte poétique, celui où l'expression a recours au langage des mots. Primitivement, la poussée tumultueuse des bêtes-passions cherche une sortie par toutes les parties du corps à la fois ; la Parole ne lui a pas préparé le chemin spécial de la voix, mais elle a disposé le corps tout entier selon le sens absolu. A l'instant où le mariage est sur le point de s'accomplir dans le corps entre la Parole et le Souffle, c'est tout le corps humain qui signifie absolument. L'union s'effectue dans la danse. Les animaux de l'homme sortent à la fois par les jambes qui vont et viennent, par les bras qui rayonnent et étreignent, par la bouche qui chante ou les yeux qui voient, par tout le corps enfin tout entier donné à la fonction de signifier. Je rêve ou me souviens d'une danse disant le retour éternel, motif profond, hors de la durée, de cette séculaire poursuite que nous dansions en rond dans les clairières, cette désespérée poursuite en rond des pieds sur la terre, des goudou-goudous dans le ventre, des *chansons-sanglots hurlantes des femmes dans le cœur, de la mélodie en vrille des flûtes dans le nez, cette danse, cette danse que nous dansions dans toutes les forêts vierges, dans toutes les nuits tropicales, cette danse perdue* [1].

Poètes, vous êtes, nous sommes honteux — ou trop fiers — de nos corps blanchis, civilisés, trop bien élevés. Sans quoi vous bondiriez, nous bondirions dans la ronde, hurlant notre stupeur de vivre, ici, sur ce boulevard, nous recommencerions le signe de la folie tournante, la vieille Danse, le premier et le plus pur poème.

Toujours tourne la ronde sauvage en couronne dans la mémoire de nos têtes ; toujours tourne le plus poignant des souvenirs de l'immémorable enfance, tourne le chant dans notre tête, et notre piétinement sur la piste des ancêtres, le chant de notre retour circulaire au centre unique et immobile de la ronde, le chant du savoir absurde que nous savons, le chant de notre amour, le chant, la danse de notre mort — toujours dans la mémoire de nos têtes.

... Pendant que les hommes que nous animons se livrent à des travaux obscurs. Nous avons semé la graine de la vieille Danse dans le champ du langage. La danse de tout notre corps s'est concentrée dans notre bouche et ne remue que les mots ; elle éclatera un jour, cette danse, avec nos hurlements, pour la purification cruelle de nos paroles (elle éclatera aussi sur la toile devant toi, si tu as résumé la danse dans les vibrations de ta main, dans la petite danse du crayon ou du pinceau), qu'elle éclate partout où nous en avons semé la précieuse graine, qu'elle éclate, la frénésie antique de signifier. (En attendant, mon pauvre vieux...)

---

1. *Danse, Musique,* je ne parle pas des « distractions » que chez nous, civilisés d'Occident, on désigne de ces noms profanés.

L'Éternel soumit son fantôme Répétition au tout du Nombre, visible miracle une fois pour toutes.

L'Éternel fit une résolution de son fantôme Mémoire aux prestiges de miroirs jumeaux, visible transmutation de l'angoisse rebondissant en unique ressouvenir de soi.

L'Éternel fixa la mauvaise rotation de son fantôme, cycle d'impuissante perpétuité, en cercle immobile de savoir au-delà des temps.

Le poète évoque l'image comme un symbole durant de l'éternel et la loi de ce symbolisme est de la nature de tout esprit vivant. En effet, l'éternité abstraite a pour symbole la pérennité, comme celle de l'âme immortelle dans la religion populaire ; et la connaissance sub specie æternitatis *d'une représentation quelconque est symbolisée par la répétition indéfinie de cette représentation. Ce symbolisme peut être pris comme* fait, *comme* senti, *comme* pensé : *et sous chacun de ces trois rapports, il est ou bien* accidentel *et apparaît alors sous les formes douloureuses et insupportables de la pérennité et de la répétition ; ou bien il est* voulu, *conscient, et surmonte ce primitif symbolisme.*

1. Comme fait *par le poète, le symbole est celui de l'évocation nécessaire d'une représentation, de toute représentation, et finalement de toutes les représentations, ou monde, par un acte conscient éternel, c'est-à-dire niant la durée. A ce moment l'individualité du poète est délivrée ; il agit selon la résultante des lois universelles qui se rencontrent en lui. A un degré moindre, celui-ci étant à la vérité une limite idéale, il accomplit le seul geste qui puisse, à un moment donné, mettre son organisation individuelle, intolérablement repliée et tournant sur elle-même, en harmonie avec le reste de la nature.*

Accidentellement, un homme peut, mû par son détermi-
nisme physiologique, adopter le même comportement que le
poète ; il se trouvera faire, sans l'avoir consciemment
cherché, le geste qui le délivre momentanément ; et cette
action aura pour lui d'autant plus de prix qu'il était lié
plus étroitement : ainsi, chez un névrosé ligoté par ses
complexes. Le geste qui le délivre, expression d'un rapport
nécessaire entre sa nature et la nature des choses physiques,
biologiques ou sociales, symbolisera cette nécessité en se répé-
tant, et deviendra manie. *Une manie est une action qui*
serait poétique sinon accidentelle, et qui, n'étant pas
consciemment accomplie, n'a pas de raison de ne pas se
répéter indéfiniment puisque le propre du non-conscient est
la tendance à la répétition indéfinie.

Et les œuvres poétiques elles-mêmes conservent toujours
un grand nombre de répétitions proprement maniaques, mais
élevées à la fonction de procédés magiques, de formules puis-
santes de délivrance et de communion ; les retours rythmiques
du nombre, des rimes, des assonances, des images, sont primi-
tivement, chez le poète qui les inventa, connaissant leur
nécessité, des expressions maniaques promues par la
conscience au rôle de charmes. *Grâce à l'imposition des*
nombres, qui sont des modes de l'unité, le poème est une
totalité qui n'a pas besoin de se répéter pour être le symbole
de l'universel et du nécessaire.

II. *Comme senti par le poète et secondement par l'audi-*
teur ou le lecteur du poème, le symbole de l'éternel est le
sentiment d'une convenance parfaite entre telle image et
une nécessité établie avant tous les temps ; le sentiment d'une
propriété *parfaite : entendez aussi bien par ce mot que*
l'esprit se sent le propriétaire de telle image, et que cette
image est la propre *image qui devait être évoquée, à*
l'exclusion de toute autre.

L'accord entre l'individu et la représentation peut être
fait par accident ; cette circonstance, génératrice de la
manie sous le rapport de l'action, sous le rapport affectif
est aussi un sentiment de propriété. Mais ici la conscience

ne s'est pas élevée à la connaissance de cette propriété. Elle a le sentiment de la fatalité de cette représentation, mais aussi de son arbitraire, car elle ne sent pas la nécessité qui l'évoqua à l'exclusion de toute autre. Ce sentiment de fatalité éternelle d'une image, pourtant perçue comme contingente et particulière, constitue par la contradiction inquiétante qu'il enveloppe le fond affectif du phénomène dit paramnésie. Rencontrer ainsi quelque chose qui m'appartient de toute éternité, fatalement, sans que pourtant j'en connaisse la nécessité, je ne puis le supporter sans tenter de résoudre cette contradiction et si je me pense comme esprit individuel la seule explication possible de ce sentiment de propriété d'une image perçue pour la première fois est : « j'ai déjà perçu cette image » ou, plus largement : « je me souviens de m'être trouvé exactement dans cet état de conscience, bien que la raison me contraigne à juger cela impossible ». Et pour tout esprit tant soit peu raisonneur, la paramnésie très vite se complique : « dans cet état de conscience identique, j'avais donc aussi identiquement ce souvenir illusoire d'un état identique... » ou : « je me souviens que je me souvenais » et, passant à la limite : « je me souviens de m'être trouvé un nombre infini de fois dans cet état de conscience ».

L'angoisse de paramnésie n'est pas purement et simplement effacée dans le sentiment poétique ; elle est surmontée par une prise de contact de la conscience avec l'universel, elle devient le sentiment d'une réminiscence de quelque chose existant de toute éternité, que le poète n'a pas créé, mais dévoilé, et que nous reconnaissons immédiatement. Parfois, cette reconnaissance est si vive chez le poète qu'il croit difficilement qu'il n'a pas reproduit sans le savoir l'œuvre lue jadis d'un autre poète. Le mythe platonicien de la réminiscence a sûrement une de ses racines dans l'angoisse surmontée de la paramnésie, le poème étant chez Platon l'univers sensible dont les objets sont pour nous des occasions de nous souvenir des idées éternelles. Et sans ce sentiment de « déjà vu », transformé en conscience de « l'éternellement vu » par le poète, le sentiment dit esthétique n'est qu'une *basse et hypocrite satisfaction de tendances libidineuses.*

III. *Comme* pensé *d'une façon encore non adéquate, en quelque sorte donc par accident, le symbole de l'éternité est un mythe métaphysique, celui des* retours éternels. *Ce mythe, familier aux philosophes anciens, et, je crois, à la réflexion de l'adolescent, complète et explique métaphysiquement celui de la réminiscence. Quel que soit le processus logique inventé après coup pour exposer cette idée des retours éternels, le fondement d'une telle croyance ne peut être autre que la base affective de la paramnésie ou le schème moteur de la manie. Mais un tel mythe n'est qu'à demi satisfaisant pour l'esprit humain. Il me satisfait dans la mesure où j'explique le caractère nécessaire, ou plutôt senti comme fatal, d'une représentation singulière, par exemple d'une image poétique ; mais l'explication elle-même, qui consiste dans la multiplication indéfinie et le perpétuel recommencement de la représentation, contient une contradiction logique qui est sentie comme angoisse.*

La contradiction logique peut se résoudre par le principe des indiscernables ; deux images identiques, ou un nombre quelconque d'images identiques, sont une seule et même image. C'est donc actuellement *et* intensivement *dans l'instant un et identique que l'image poétique est indéfiniment répétée ; et cette façon de dire est encore mythique.*

29

Voilà, ainsi sont ces choses.
Et voici la triple clef précieuse, pour le commencement
   et pour la fin du mystère réversible
— folie si j'en use mal ! —

Je me souviens de la Ronde primitive non pas seulement comme du plus intime, du plus émouvant souvenir d'une enfance indéfiniment lointaine, mais comme aussi d'un très vieux rite cosmique. Cette Danse circulaire est aussi celle des mondes, et la même musique préside à ces deux rondes. J'ai parlé de la genèse du poème, je parlais aussi bien de la genèse de cet univers. Je ? qui « je » ? Si je suis une créature, une partie de cet univers, ce n'est pas comme tel que je retrace la création poétique du monde. Le Poète-Total ne peut dire « Je », Il l'est.

30

Ici les bêtes-passions aux vies cycliques prisonnières,
là leur Mère commune, la Mer des Bulles.
Ici petit souffle résumant beaucoup d'animaux,
là Grand Souffle de la Tout-entière Femelle.

Écoute bien pourtant. Non pas mes paroles, mais le tumulte qui s'élève en ton corps lorsque tu t'écoutes. Ce sont des rumeurs de combat, des ronflements de dormeur, des cris de bêtes, le bruit de tout un univers.

31

Ici le JE parlant du zénith absolu d'un point particulier,
là le NON parlant de l'absolu Zénith de tout point.

Ici petite parole ouvrant les portes du palais vocal d'un
    homme particulier,
Là, Grande Parole, parfait Mâle tout pénétrant.

> *Et maintenant essaie de parler. Dis quelque chose*
> *d'important. Parle ; la chose ou le fait que tu nommeras*
> *sera immédiatement réel, si c'est vraiment* toi *qui parles.*

32

Ici petit-poète, évoquant, libéré selon le rythme,
là Grand-Poète, provoquant, libre selon le Mot Total.
Ici, ceci,
Là, cela.

> *Écoute enfin : as-tu jamais songé à être libre ? Allons, je*
> *te laisse ici. Tâche de tirer de tout cela des conclusions*
> *concernant ton cas personnel, et tu feras ce que tu voudras*
> *si tu es ce que tu es.*

1929.

II

LA MORT ET SON HOMME

LA PEAU DU FANTÔME

Je traîne mon espoir avec mon sac de clous,
je traîne mon espoir étranglé à tes pieds,
toi qui n'es pas encore,
et moi qui ne suis plus.

Je traîne un sac de clous sur la grève de feu
en chantant tous les noms que je te donnerai
et ceux que je n'ai plus.
Dans la barque, elle pourrit, la loque
où ma vie palpitait jadis;
toutes les planches furent clouées,
il est pourri sur sa paillasse
avec ses yeux qui ne pouvaient te voir,
ses oreilles sourdes à ta voix,
sa peau trop lourde pour te sentir
quand tu le frôlais,
quand tu passais en vent de maladie.

Et maintenant j'ai dépouillé la pourriture,
et tout blanc je viens en toi,
ma peau nouvelle de fantôme
frissonne déjà dans ton air.

LE GRAND JOUR DES MORTS

La nuit, la terreur,
à cent pas sous terre,
les caveaux sans espoir,
la peur dans la moelle et le noir dans l'œil
— l'appel de l'étoile meurt au bord du puits —
et ces mains, ta détresse blanche
dans la brume glacée du fond de toute la vie,
dans la détresse blanche de ces mains qui seront les
    miennes
un jour, tellement je les aurai aimées.
Ne t'échappe pas, me dit la lumière
— celle qui éclate partout ici, mais légère
sur l'épaisseur aveugle qu'elle enferme
et vaine; inutile clarté qui troue la peau pourtant
et qui me dit : tu ne sortiras pas,
mais marche seul griffé de mon fouet fantôme,
c'est le fond de la terreur,
c'est le palais sans portes,
cave sous cave, c'est le pays sans nuit.
L'air est peuplé de notes fausses
à scier l'os, c'est le pays sans silence,

cave sous cave encore au pays sans repos,
ce n'est pas un pays, c'est moi-même
cousu dans mon sac
avec la peur, avec l'hydre et le dragon ;
et toi, démon, voilà ta tête de verrue
que je m'arrache de la poitrine
oh ! monstre, menteur,
mangeur d'âme.

Tu me faisais croire que ton nom maudit
c'était le mien, l'imprononçable,
que ta face, c'était ma face, ma prison,
que ma peau détestée vivait de ta vie,
mais je t'ai vu : tu es un autre,
tu peux bien me tourmenter à jamais,
tu peux m'écraser dans des charniers
sous les cadavres de toutes les races disparues,
tu peux me brûler dans la graisse des dieux morts,
je sais que tu n'es pas moi-même,
tu ne peux rien sur le feu plus ardent que le tien,
le feu, le cri de mon refus
d'être rien.

Non, non, non ! car je vois des signes
encore faibles dans un banc de brume lente
mais certains, car les sons qu'ils peignent
sont les frères des cris que j'étouffe,
car les chemins incroyables qu'ils tracent
sont les frères de mes pas de plomb ;
je vois les signes de ma force sans bornes, l'assassine
de ma vie et d'autres vies sœurs.
Du fond illuminé, plafond sous plafond, des caves,

je vois — je me rappelle — je les avais tracés au commen-
    cement
les signes cruels fouillant chaque repli
du mollusque pensée aux mille bras.
Ils m'enseignent la terrible patience,
ils me montrent le chemin ouvert
mais que mieux que toute muraille ferme
la loi de flamme dite à la pointe du glaive
et réglant chaque pas à l'orchestre fatal :
tout est compté.

Voici, j'ai arraché le manteau de chair saignante
et de colère et je marche nu
— non pas encore! mais je me vois lointain
et j'ai pour me guider et remplacer mon cœur,
très loin, ces mains, ces mains d'aveugle,
l'aveugle morte plus voyante que vos yeux de bêtes,
vous opaques vivants lourds, très loin l'aveugle
et ses prunelles, cercles de tout savoir,
enclosant l'eau limpide et noire des lacs souterrains —
je dirais comme elles sont belles, ces mains,
comme elle est belle, non, comme elle parle la beauté,
la morte aveugle, mais qui voit toute ma nuit,
je parlerais, j'inventerais des mots-sanglots
— à ses pieds il faudrait pleurer —
je sangloterais sa beauté,
si je pouvais pleurer,
si je n'étais pas mort de n'avoir su pleurer.

IL SUFFIT D'UN MOT

Nomme si tu peux ton ombre, ta peur
et mesure-lui le tour de sa tête,
le tour de ton monde et si tu peux
prononce-le, le mot des catastrophes,
si tu oses rompre ce silence
tissé de rires muets, — si tu oses
sans complices casser la boule,
déchirer la trame,
tout seul, tout seul, et plante là tes yeux
et viens aveugle vers la nuit,
viens vers ta mort qui ne te voit pas,
seul si tu oses rompre la nuit
pavée de prunelles mortes,
sans complices si tu oses
seul venir nu vers la mère des morts

dans le cœur de son cœur ta prunelle repose

écoute-la t'appeler : mon enfant,
écoute-la t'appeler par ton nom.

LA SEULE

Je connais déjà ta saveur,
je connais l'odeur de ta main,
maîtresse de la peur,
maîtresse de la fin.

J'ai touché déjà tes os
à travers ta chair sans âge
pétrie d'insectes millénaires
et de calices de fleurs futures.

J'ai dormi depuis les déluges, j'ai dormi
au fond de toi, sur ton épaule, j'ai dormi sans nom
— ta poitrine n'a pas changé
l'air de la vie n'a plus le nerf de m'éveiller —
ne me nomme jamais, ne me réveille pas,
tes poumons immobiles ont désappris aux miens
à respirer le souffle faible de ce monde,

le mourant ! car il agonise dans les trompettes,
les pluies battantes, et qu'il crève, le géant faible,

monde vieillard qui s'époumone
dans le feu pâle auréolant ta tête.
Cette lueur, ô veilleuse aveugle des morts, pensante
sans sommeil au fond des rêves
loin de l'huile de la vie,
endormeuse, nous avons ensemble ce secret
que je t'ai pris au carrefour martelé de lune;
souviens-toi, tu étais habillée en petite fille,
tu guettais sur les dalles, la bouche sur ton secret.
Souviens-toi, je t'ai prise aux cheveux,
tu as desserré les dents,
souviens-toi, pour moi, pour moi seul,
parce que j'avais tout trahi pour toi
oui, messieurs de la fumée et de l'ombre,
je vous ai trahis tous pour elle;
eau-mère, la vie que tu m'as donnée,
la vie avec la bouche bée,
je l'ai trahie et j'ai trahi le monde pour elle,
pour cette enfant que de vie en vie je retrouve,
l'endormeuse sans sommeil,
la veilleuse de la fin — ô ma mort!

Tu as desserré les dents;
la boule, le feu, l'astre de gorge,
la convulsion folle derrière tes lèvres,
indéfiniment derrière tes dents, ce mur
où tant d'autres se cassent la tête,
et ce que je ne puis dire...

Mais à qui parlerai-je? Toute oreille, tout œil
sombrent dans le silence et la nuit sans mémoire.
Tu veilles seule, enfant des baumes,

mort du carrefour, bois mon sommeil,
ne laisse rien de moi,
je suis seul à t'avoir vue plus présente qu'elles,
les fumées femelles,
les rôdeuses qu'un vrai regard dissipe,
je t'aime plus loin qu'au fond des rêves,
maîtresse de la peur, maîtresse de la fin,
ne m'éveille plus,
ne me nomme plus.

Août 1929.

NÉNIE

Ne parlez plus des plaines avec cette tendresse
ne parlez plus des neiges, ne parlez plus du cœur
laissez s'échauffer les vins vénéneux
entre les paumes de la vie,
ne parlez plus des mers en remuant le cœur,
ne parlez plus des fleuves, laissez sécher vos lèvres
et laissez se glacer le sang des vieux désirs
entre vos mâchoires de mort,
ne parlez plus du ciel en palpitant des lèvres,
ne parlez plus du vent, laissez la nuit grossir,
laissez la nuit s'engraisser de vos souffles
auprès des trous de vos narines,
ne parlez plus du feu de votre voix d'esclave,
ne parlez plus de votre roi, l'ancien soleil,
laissez-le se coucher et s'éteindre en boue noire,
dans la vie courbe de vos crânes.

Ne parlez plus du cœur!
Votre langue est pourrie et votre souffle froid,
vos regards vides regardent la nuit,
des mondes morts accouplés emplissent vos yeux,

ne parlez plus dans l'air des hommes.
Essayez seulement de sourire,
vous entendrez gémir tous vos os calcinés,
le rire ondulera dans un ciel rapiécé,
et la toile du monde aura des sanglots sourds.
La musique des morts hoquette dans vos dents
— essayez de sourire aux fleurs! —
vos pieds froids sont soudés à la terre sans yeux,
vous regardez partout de vos mille prunelles
mais nul ne voit vos yeux et vos yeux ne voient rien.

Le rire éclatera dans vos têtes sonores
— essayez de sourire aux oiseaux! —
vos mains s'écailleront dans une odeur de plâtre,
riez à la poubelle et riez au balai.
L'espace même meurt avec les étincelles
que vous jetiez au vent de vie, et le temps meurt
en arrêtant vos vains sourires,
en figeant vos sanglots,
et vous gelez tout doucement dans les tourbières.

Un soleil inconnu brille dans la poussière
qui vole tout autour de vos cheveux séchés,
les vents de la folie portent à vos oreilles
une musique amère à vous briser les dents.
Des fleuves remontant à leurs sources jaillissent
de vos mains disloquées, de vos tempes trouées,
et le sol qui vous porte a des lueurs de soufre,
se creuse sous vos pieds et vous mord aux chevilles.
Votre rire a créé des étoiles nouvelles
que nous ne verrons pas,
et vous pouvez sourire à de nouveaux oiseaux

à des fleurs impossibles,
mais vous vivez derrière un mur de houille
et nos yeux saignent, nos prunelles se fendent
quand nous voulons vous voir
quand nous voulons vous voir avec des regards vides,
quand nous ne voulons plus sourire
ni sangloter dans le ventre céleste,
nos bras tournent grinçants dans les chambres de plomb.

La nuit de vérité nous coupe la parole.

PERSÉPHONE
C'EST-A-DIRE DOUBLE ISSUE

Mémoire de mes morts, trou noir à travers tout
béant sur la mer des vertiges,
redescends en spirale au centre de l'horreur,
creuse-toi pour me recevoir
dans ta bouche la goulue,
vers ton cœur brûlant noir, avec le fleuve tiède
du sang de mes multiples corps, le long des siècles,
fleuve lent s'enroulant en serpent rouge sombre
vers ton gouffre dévorant, la nuit brûlante de ton ventre,
mangeuse sans repos de nos peaux desséchées,
nageuse sans repos dans la mer de nos sangs
mêlés enfin! et qu'ils coulent et qu'ils déferlent
et sur l'imprévisible rive au-delà des temps,
au-delà des mondes, qu'ils se dressent,
caillés soudain en un mur plein de bulles,
suintant des eaux d'effroi, larmes d'yeux irisés
qui crèvent et c'est le dernier chant,
leur écoulement qui se fige en statues,
neufs animaux appelant l'âme du feu
derrière les océans de peur,
plus loin que les sanglots sous les dernières voûtes
où le dernier des morts à larges pas sans hâte

marche, et rien ne reste derrière lui :
il va dormir dans la vague immobile,
mais prête pour de nouveaux germes, de nos cris,
de nos sangs solides aux yeux de pétrole.
Une voix s'éternise et meurt de solitude,
une voix se tait.
            Et toi, toi qui ne voulais plus renaître,
retourne aux maisons de souffrance,
retourne aux chœurs souterrains sous les dalles,
retourne à la VILLE sans ciel,
refais ton chemin à l'envers.
La matrice qui t'engendra se retourne
et te bave vivant à la face du monde,
larve d'épouvante là-bas, et bientôt
tu vas recommencer à te plaindre du ciel,
de toi-même et de la vie, ta vomissure.

NYMPHE LIMINAIRE

Une morte errait dans les corridors;
regardez-moi ça, ça n'a même pas vu le jour,
et ça veut faire le fantôme,
et ça prend des airs tragiques,
et si tu rigoles dans les couloirs,
attention! attention!
et si tu te balances dans ton fauteuil,
attention! attention à la petite
avec ses chiffons de brouillard,
avec ses mains, ces loques transparentes,
elle te bourre la gueule
et tu étouffes
et tu t'écroules sur les sofas...
Je ne veux pas m'en souvenir et c'est toujours,
tous les paysages que j'imagine,
je les retrouve avec un caillot de sang au coin des lèvres...
une morte rôde, attention!
une morte qui rapetisse d'heure en heure
pendue à ton cou, une loque,
            et l'autre de dire : un loquet
qui te verrouille en ce cul-de-basse-fosse.

LA FAMEUSE SURPRISE

Vous qui vivez, ah! dites-moi
comment un bras vivant se lève
pour illuminer tant d'ombre,
vous qui vivez, croyez-vous à ma mort?
et que je passe à travers les murs
comme un homme basculant tombe
d'une fenêtre dans l'air fuyant?

Ce nègre, il est éternel,
que je vis en basculant
par la fenêtre d'ombre,
il pourrissait dans la poussière,
ô mon ami, corps de cuir creux,

tu poussais à toi seul une locomotive
depuis des siècles,
le long des siècles qui s'enroulent
et se déroulent et se mordent la queue,
tu recommenceras toujours.

Vous qui vivez, lorsque vos doigts touchent vos fronts,
ils ne s'y enfoncent pas,
savez-vous que l'eau qui coule
est plus impuissante qu'un paralytique,
savez-vous que je suis plus fluide que l'eau?

J'essaie d'avoir l'air de quelqu'un
parmi vous qui vivez,
c'est seulement une politesse
pour rire un peu.
Entre nous, c'est fini, n'est-ce pas?
ni seul ni plusieurs,
ma barbe continue à pousser,
c'est le seul bruit que l'on entend.

Qui l'entend? Vous ou moi?
Perdre la mémoire,
marcher sur la tête,
devient d'une facilité dérisoire,
bonjour, bonsoir, les amis,
il n'est plus, il n'est plus,
bonsoir, bonjour, c'est fini.

LA DÉSILLUSION

Blanc et noir et blanc et noir,
attention, je vais vous apprendre à mourir,
fermez les yeux, serrez les dents,
clac! vous voyez, ce n'est pas difficile,
il n'y a là rien d'étonnant.

Je vous parle sans passion,
noir et blanc et noir et blanc,
clac! vous voyez qu'on s'y fait vite,
je vous parle sans amour,
et pourtant vous savez bien...
— il faut être évident jusqu'à l'absurde —

Blanc et noir et blanc et noir et noir et blanc,
si nos âmes échangeaient leur corps,
il n'y aurait rien de changé,
alors ne parlez plus de corps ni d'âmes.

Blanc, noir, clac! c'est la seule chose
qu'ensemble nous pouvons comprendre,
(mais n'est-ce pas qu'il n'y a là rien de tragique?)

Je vous parle sans passion
blanc, noir, blanc, noir, clac,
et c'est mon éternel cri de mourant,
ce cri blanc, ce trou noir...
Oh! Vous n'entendez pas,
vous n'existez pas,
je suis seul à mourir.

APRÈS

Je vais renaître sans cœur,
toujours dans le même univers,
toujours portant la même tête,
les mêmes mains,
peut-être changées de couleurs,
mais cela même ne me consolerait point.
Je serai cruel et seul
et je mangerai des couleuvres
et des insectes crus.
Je ne parlerai à personne,
sinon en paroles d'insectes
ou de couleuvres nues,
en mots qui vivront et riront malgré moi.

LE SERMENT DE FIDÉLITÉ

J'ai brûlé mes champs de blé,
j'ai affamé ma Babylone,
j'ai mis le feu aux entrepôts
et j'ai coupé les aqueducs.

Si le soleil ne s'éteint pas sur mes États,
c'est que mon règne est d'un seul jour.
L'anti-roi de la nuit d'en-bas,
l'anti-moi de l'autre face,
il pense et meut un ciel noir crevé d'astres.

Il meurt, mon peuple, il se retourne dans sa peau,
il souffle vers le ciel ses bronches,
et ses orteils l'ancrent au sol.
Ses pieds sont les racines et ses bronches les branches
d'une forêt de famine, dès midi.

Mais j'ai tari la pluie et le bois se fait pierre,
les feuilles se font poussière,
mon peuple minéral poudre les grandes routes
et se rend tout entier à la boue, dès le soir.

Celui qui rit à l'opposé, ah! qu'il s'engraisse
de mes débris pulvérisés, qu'il s'illumine
de toute ma vie que j'ai chassée de mon royaume.

Celui qui rit, c'est l'Autre Roi, non, c'est la Reine,
c'est la Reine la Mère, elle règne à l'envers,
c'est pour elle cette dévastation,
pour elle, j'ai laissé retomber à la terre
les dieux qui s'embrassaient dans mes champs et mes
    villes.

Où je n'ai pas d'œil elle voit
        — que ce soient les seules Visions! —
Où je n'ai pas d'oreille elle entend
        — que ce soient les seuls Charmes! —
Où je n'ai pas de narine elle respire
        — que ce soient les seuls Parfums! —
Où je n'ai pas de langue elle goûte
        — que ce soient les seules Saveurs! —
Où je n'ai pas de peau elle touche
        — que ce soient les seules Caresses! —

C'est la Reine ma nuit qui veille dans ma mort,
c'est la Mère qui règne à l'inverse du jour,
c'est toi que jamais mes yeux ne verront
dans ce monde dont le soleil n'est pas pour toi,
je ne te verrai pas,

            mais parce que tu es le contraire de
ce mensonge, parce que tu brilles vraiment dans le vide
de ma poitrine, dans le désastre, dans le néant de la
lumière, parce que jamais je ne te vêtirai de cette trom-
peuse pellicule de clarté dont s'habille mon peuple de

dieux somnambules, parce que Tu n'es rien de Ce que tu pourrais être, je te supplie :
ne me trompe pas,
ne viens pas dans ce monde,
ne prends jamais figure humaine,
fais plutôt que je sois une brute sans cœur,
ne viens pas surprendre mes yeux,
ne viens pas me consoler,
je ne veux pas t'aimer dans ce mensonge,
ce ne sera jamais toi,
ici jamais toi,
reste là dans la nuit où je suis avec toi le seul Jour.

Juillet 1929.

Je ne voulais, me suis-je dit plus tard, aimer personne dans le mensonge qu'était ma vie. Je ne voulais nuire qu'à moi, ce qui est impossible. Et même alors je disais :

Comme une orbite privée de son astre
je me pensais en cercles vides sur moi-même ;
j'ai poursuivi des lunes fantômes,
je me suis consolé de trop de faux soleils.

C'était donc un serment de ver blanc. Vous savez que les vers blancs font serment, au sortir de l'œuf, de ne jamais aller à la lumière ; car le soleil les dessécherait et jamais ils ne pourraient accomplir leur destin qui est d'aller à la lumière après la métamorphose et le parjure. La pièce suivante sent déjà la chrysalide.

A LA NÉANTE

Quel beau carnage sans colère en ton honneur, regarde :

dans cette nuit polaire aussi blanche que noire,
dans ce cœur dévasté aussi bien feu que glace,
dans cette tête, grain de plomb ou pur espace,
vois quel vide parfait se creuse pour ta gloire.

Ni blanc ni noir ni feu ni glace,
ni grain de plomb ni pur espace,
ce monde-là est bien perdu !

Pour toi suceuse de ma moelle,
toi qui me fais froid dans le dos,
pour toi cette dévastation — mais quel silence !

... silence et me voici, moi qui voulais crier
toute la lourde douleur condensée minuscule
dans le seul petit globe dur d'un univers,
moi qui voulais montrer mon sang, comme il coulait
quand mes ongles raclaient le dedans de mes côtes,

moi qui cherchais des mots triomphaux pour chanter
comme sifflait la hache dans les os de ma main

quand je m'amputais de moi-même,
me voici la parole coupée, me voici minuscule,
perdu dans le vertige absolu de ton sein,
me voici la voix blanche, me voici ridicule :
tout cela n'était rien.

Pour ta gloire, non pour la mienne, ce carnage,
et sans colère. Ce n'était rien de renier le monde,
de tuer le soleil, de tout trahir pour toi,
ce n'était rien de me crever les yeux :
j'étais sûr de toi comme de ma mort,
j'étais sûr de la toute-évidence de ma nuit
qui est ton corps de silence vivant.

Mais des fantômes de toi-même sont venus,
les vampires de soie me consolaient trop bien,
la mort vivait trop bien dans les ombres du jour,
le temps maudit et toujours neuf s'est renoué.

Je ne cherche plus de cris triomphaux car je sais
que pour chaque cellule qui divise ma vie,
pour le plaisir mauvais qui l'engendra
je dois une rançon de douleur infinie.

Je m'écorche vivant à force de t'aimer,
Mère des formes, sans forme ! toi que je torturais,
que je torture encore dans ce lit de Procuste,
ma forme honteuse d'homme :

toi sans dimension et libre de frontières,
je te couche sur ce grotesque lit nuptial,
je voudrais t'enfermer dans cette peau stupide.
Maintenant que je t'ai juré fidélité,
si j'aime des détresses vêtues de chairs vivantes,
si j'aime le malheur visible dans un corps,
que ces chairs meurent! et qu'il meure, ce corps!
et qu'il souffre avec moi, et qu'il souffre pour toi,
comme je vais dormir désormais à grands pas
lentement dévoré cellule par cellule
du feu cruel de cet amour lucide.

Je ne peux plus te trahir, tu vois bien;
« je suis mortel »; ces mots sont la douceur du vide
qui veulent dire : « je suis à toi ».
Je suis mortel! Mortel ce que j'aime en ton nom!
Mais le jour de ma mort est interminable.

Août 1929.

TRISTE PETIT TRAIN DE VIE

Celle qui pourrit dans mon cœur
c'est la lueur qui se nourrit des peurs
qui rôdent chantant le malheur,
en haut, en bas, toujours.

Nuit sur la nuit, c'est fête, enfonçons la détresse
sous l'ouate d'une joie épaisse;
nuit sur la nuit, c'est la faiblesse
du cœur brisé par de trop beaux visages, sur la route.

La pourriture est dans mon souffle et ce vent
c'est le siffleur fascinant, c'est la dent,
c'est le goût de saumure de ce gouffre avant
la fuite en bas, la tête sous la nuit des trop douces larmes.

Plaie du jour à mon flanc!
la nuit, c'est mon sang
qui s'enfuit par ce trou blanc,
soleil qui me baigne jusqu'au petit matin,
        m'ôte la faim
          au petit matin de ma fin,

personne n'entend, personne,
personne ne tend la main,
je suis l'aiguille,
l'aiguille dans le tas de foin,
le foin sans fin, l'étouffeur à la fin...

personne ne vient, personne ne pleure,
sauf toujours la même, la terreur.

FROIDEMENT

Attention, le voilà avec sa plume,
attention, il va s'expliquer,
il va crier, il est seul.

Taisez-vous, taisez-vous, leur dis-je ;
— à qui ? Les mots perdent leurs peaux,
ils sont nus et froids dans ma main.
Ah ! mon couteau le plus glacé,
mon plus trompeur semblant de meurtre,
c'est cette parole : à qui ?
Je ne parle à personne,
je me vautre sous les lampes,
je me déchire au bord des fleuves.

Je voudrais dire : vous...
et ajouter n'importe quoi ;
mais un œil blanc sans pitié,
— et sans vie, bien sûr — m'a cloué.

Alors, pourquoi donc chercher les saisons,
les animaux des fables, les naufrages,

les illustrations du malheur,
les fers forgés complaisants,
et tout le reste?

Eh bien, oui, seul, assez!

III

LE CIEL EST CONVEXE

FEUX A VOLONTÉ

L'être humain est une superposition de cercles vicieux. Le grand secret, c'est qu'ils tournent bien d'eux-mêmes. Mais les centres de ces cercles sont eux-mêmes sur un cercle; l'homme sort du dernier pour rentrer dans le premier. Cette révolution n'échappe pas aux yeux des sages; eux seuls échappent au tourbillon et en le quittant le contemplent. — Harmonie des sphères, cosmique des cœurs, astres-dieux de la pensée, brûlants systèmes forgés de chair en chair, car toute souffrance est l'abandon d'une chair, qu'elle soit rouge de sang, orangée de rêve ou jaune de méditation; les astrolabes perce-cœur chauffés à blanc, loin des pièges à bascule, sous les escaliers du démon, et l'air vif du large qui déjà s'épaissit en boue. La trajectoire réelle de l'acier céleste à travers la gorge pendant que les hommes d'en bas s'exercent à éternuer — car on voit tout de là-haut, et tout est vrai de plus de mille façons, mais toutes ces façons de comprendre ne valent que réunies, bloc-un-tout, dieu blanc-noir, zèbre céleste et plus rapide... oh! dites-moi, les sauvages n'ont-ils jamais élevé dans la forêt vierge la monstrueuse statue du Zèbre-dieu? Dieu de toutes les contradictions résolues entre quatre lèvres :

et ce n'est même plus la peine, l'élan est donné et le monde croule, et la lumière n'a pas besoin de prismes pour se disperser, et tout le réel changeant immuable — chocs des mots, folie inévitable des discours humains, choc-colère cahotant ses cris, ses faux espoirs — escroquerie de Prométhée, qu'il est beau, qu'il est beau! Prométhée, victoire pantelante soumise aux langues de feu, avec la couronne tourbillonnante des soleils, les petits alliés des Hommes... MAIS LES GRANDS ANTI-SOLEILS NOIRS, PUITS DE VÉRITÉ DANS LA TRAME ESSENTIELLE, DANS LE VOILE GRIS DU CIEL COURBE VONT ET VIENNENT ET S'ASPIRENT L'UN L'AUTRE, ET LES HOMMES LES NOMMENT « ABSENCES ». Qui leur apprendra ce qu'est l'être, et qu'ils ne font que penser le non-être à leur mesure? Soumis aux langues de feu, tournez votre visage vers les flammes, vers le baiser divin qui vous arrachera les dents d'un seul coup.

1928.

L'ENVERS DU DÉCOR

à Josef Šima.

Quelqu'un venait, esprit au discours de fer, dans ta tête,
et te parlait des brouillards de ce monde :

    « Ce prestige de l'étendue
    « Se nie sitôt conçu de points inétendus. »

    « Indiscernable un point d'un autre point.
    « L'Inétendu ne peut être plusieurs;
    « il n'est qu'un Point. »

Docile à la voix de fer, le feu de ton regard partit,
incendia le monde irrésolu
Et dans le Point unique, puissant de tout ceci, le pensa.

Ce Point, qui n'est vu, mais qui voit
et qui résout cette magie de paraître innombrable,
tombeau du monde, qui mourut

après peut-être un bref regret de la lumière,
que tu voilas, le temps de suspendre ton souffle,
dans un linceul de couleur grise,
tombeau, mais graine d'un Contre-Monde,
intense, inétendue, de vérité visible.

Ce point, le seul, identique au Point éternel,
c'est l'œil de tes yeux,
l'Œil unique de ton œil droit et de ton œil gauche
dont l'entr'amour a procréé la profondeur.
L'Œil de tes yeux, ce Point puissant de toute étendue,
    c'est la Porte,
c'est le chemin avant-tracé pour tes désirs
qui vont dans les rectangles plats des pâturages
brouter l'immanente lumière qui les tue,
paître leur foudroyante vérité,
et voici leur troupeau gelé de mort splendide.

Libre d'eux, toi qui sus les faire et les défaire,

Si l'on contemple alors, qu'on dise à ta louange :

« Quelques grands Animaux, Pères de nos désirs,
« Cherchant le même Point, cherchant la même Porte,
« Trouvent la même mort dans tes plats pâturages,
« Meurent de vérité dans l'Œil de tous les yeux. »

1930.

BRÈVE RÉVÉLATION
SUR LA MORT ET LE CHAOS

Toi qui t'es oublié dans ce tombeau mouvant,
c'est à moi que je parle et mon double me tue,
dans l'air statue de sel et dans l'eau bulle,
lorsque le ciel sera mêlé à l'océan,
le sel dans l'eau partout sans membres distingués
et sans cœur et sans nom, étendu — est-ce moi?
est-ce toi, la bulle à l'air rendue
sans sa peau d'argent?
Une voix dernière, la nôtre,
pour vider toutes les larmes d'un seul coup,
et ni moi ni toi, attention :
LA BOUCHE AURA MANGÉ L'OREILLE, LA VOIX VERRA.

CIVILISATION

Lorsque la parole fut inscrite
pour la première fois,
l'air clarifié ne pesait plus dans les têtes
et la multitude avait soif.
Tous les germes morts, morts dans leur descendance,
l'écorce était le tombeau de la graine,
la montagne achevait de saigner,
et la terre du sang était pierre,
et l'eau du sang était à la mer,
et le feu du sang à l'éclair.

Ils gémissaient, les vieux couverts de rouille :
« ... retourne à la roue, mon souffle !
va piétiner sur les planètes
avec tes pas lourds dans la nuit des cavernes.
Mes enfants n'ont plus de pensées !
Mes beaux enfants ont la cervelle vide.
La vie est facile, ils ne vivent plus... »
et les vieux mouraient entre les dents de la montagne,
leurs visages veinent le marbre,
sous le silex dorment profonds
ceux qui furent plus profonds que le fond de leurs os.

Sous un thorax d'oiseau le vide
sans bornes a cessé de bourdonner.
Mille loups aveugles dans cette soupente!
et moi qui n'ai plus le souffle [1].

1. Je l'ai retrouvé depuis.

COMMENT TOUT RECOMMENCE

Désirant perpétuer le sacrifice de flamme en chair selon la chaîne généalogique, le dernier de la race ou celui qu'un espoir de boucler enfin le cercle de durée rectiligne sans espoir de boucler avait dressé tel au bord du faux gouffre du temps vide, engendra :

du ciel, comme le roc, dernière boursouflure des cataclysmes terrestres ou de son front, ou, la terre pointant ce phallus vers les eaux supérieures, l'index limitant pour créer, le premier enfant-son de la race nouvelle, sans maudire ;

des eaux d'en bas, creusant et se pesant dans un sac vide, vers les cavernes où elle dort couchée, la mer de lait sans bouillonnement encore, dans l'attente, qui s'achève en un bruissement massacreur des générations périmées, de ce moule qui se voulant mâle fait apparaître chair le vide, les eaux d'en bas, la première pâte étendue à l'indéfini, sans maudire ;

et le son frappant la pâte, la multitude nouvelle germait, et lui puissamment rentrait en soi et jusqu'à l'extrême épiderme de tout se pensait. La peau première encore tambour vivant minuscule, nommé l'infini et grande source de controverses, tout tourbillon s'orga-

nisait déjà et le concert peu à peu était celui de la malé-
diction;

et la boucle bouclée se nouait dans un rire, était-ce
hier? sera-ce demain? mais son Rien-de-tout-cela,
ici nommé premier ou dernier, en tout lieu, en tout ordre,
la scissure ne l'atteint pas, caché derrière indéfiniment
Lui-même-non-ce-n'est-pas-Lui, et les rides ne courent
que sur les peuples qui pensent un instant : on recom-
mence, et puis l'oublient, et voilà un nouveau tour de
roue.

Le Contre-Ciel

(premier état)

I

COUPS DE SANG

POÈME POUR DÉSOSSER
LES PHILOSOPHES
INTITULÉ
« L'AU-DELA MISÉRABLE »

Lorsque le plus sage fut mort, l'imbécile,
lorsqu'il descendit dans le puits, sans bretelles,
la moustache roussie,
il savait par cœur les éclipses et les coupe-gorge;
ça peut toujours servir.

Mais la soupape du chaos
aux lèvres de caoutchouc
lui cira les moustaches, à l'imbécile,
et le sage dut porter des bretelles.

Alors parmi les éclipses ce fut la débandade et l'anarchie.
Elles venaient au petit bonheur
et dans les grands magasins les vendeuses
rêvaient aux coupe-gorge hantés des imbéciles.

Et lui, dans la vase d'outre-terre,
la rage aux dents, il s'arrachait des bonbons du cœur
et, les mâchoires collées, il piétinait,
et, les pieds retournés, il coltinait
toute la nuit.

Il coltinait, l'imbécile, des bretelles
et des fiacres à trompes molles
et vous croyez qu'il se consolait?
et vous croyez que le travail et la colle forte qu'il avale
ça va nous le régénérer?

Non, parce qu'au fond du filtre à dieux
les perles sont encore liquides;
ah! derrière ces murs de mufles pitoyables
qui ne parviennent qu'à rire, scandaleux,
     — car ce qui manque au porc c'est d'être transparent
     et les forts ne transportent que des mots sanglants —
c'est une pluie véritable de fraîcheur
sur la dernière peau d'âne.

Oh! le tambour déjà risible de l'imbécile
et si jeune au fond d'un tonneau de siècles,
ou de caoutchouc haché grouillant en vermicelle,
car le premier prophète qui parle, un doigt dans l'oreille,
sa voix mue, et quel rire perpétué jusqu'à nous!

En mourant le sage éternua.
Ah! s'il avait prévu sa mort
il n'aurait pas bu cette bière
dont les gouttes sont les éclipses
selon le nouvel ordre écœurant d'almanach.

Ah! mais savez-vous qu'il est toujours dans cette nuit
parmi des bourriches d'huîtres et les arêtes gluantes des
    escaliers,

et qu'un enfant, une seconde, a pleuré, le crâne fendu
d'un coup de votre rire — il fallait bien!

       Si l'on élève un monument
       à la détresse ridicule
       que ce soit un édicule
       à tête de chiendent.

Et cet enfant sans nez dont l'âne était mort
dans un grenier plein d'horloges et de poussière
pleurait l'imbécile et traînait un fiacre.

Mais lorsqu'après des rondes et des rondes
je tombai dans la glu du pâle pâtissier,
alors l'imbécile qui veillait sur les morts
du bout du monde vint à mon secours
avec ses jambes salies dans les fondrières
et son sourire boueux.
Depuis des siècles je me cassais les os
pour me rebâtir une autre carcasse,
une vraie carcasse à ma mesure de brute,
et je ne fabriquais que des mannequins de plâtre
qui puaient le moisi.

Les chœurs d'enfant du premier sommeil
       ah! si j'avais osé entendre,
       et si j'avais osé pleurer
       et d'autres larmes que ces laves!
les chœurs balancés aux gouffres de poitrines vides
et blancs soudain :

« T'éveilleras-tu, falot,
Pour du bon, pour du beurre ?
Vrai matin n'est plus par terre
Celui qui pleure
Compte pour du beurre,
Viens t'éveiller pour du bon
Non, non, matin-pleure. »

... Et cette masse de mille montagnes
mon genou ;
cette écorce de plomb craquait,
cette flamme
entre la nuit et le jour — me voici !

Les sources gelaient sur mes yeux,
c'étaient encore mille montagnes.
Alors l'imbécile qui veillait sur les morts
avec son sourire de sale bonté
vint mettre trois gros doigts lourds
sur la chaîne sans fin de mes réveils,
et je le vis, avec des yeux
choisis en hâte avec l'angoisse de tout perdre,
s'enfler, roi couvert de sueur
de cette misère de misère
où c'est si bas de plafond.

LE PROPHÈTE

L'enfant qui parlait au nom du soleil
allait par les rues du village mort,
les rats couraient vers ses pieds nus
lorsqu'il s'arrêtait aux carrefours.

L'enfant appela d'une voix pleine de galères,
de voiles blanches et de poissons volants,
et les hommes changés en pierre
s'éveillèrent en grinçant.

C'était l'aube annoncée par les flèches sifflantes
des joyeux archers du voisinage,
les hommes venaient, chacun portant sa nuit
comme on porte une ombrelle.

Ils s'accroupirent autour de l'enfant,
et leurs gros yeux rouges riaient,
et leurs larges bouches crachaient
du sable à travers les dents.

L'enfant qui parlait au nom du soleil,
dit : « N'écoutez plus le chant du coq stupide »
et les hommes aux longues lèvres se tapaient
le derrière sur les pavés.

L'enfant dit : « Vous riez, vous riez,
mais lorsque vous vous éveillerez
avec du sang plein les oreilles,
alors, vous ne rirez plus. »

Sa tête tomba, écrasante et chaude
sur l'épaule d'une jeune femme,
elle crut qu'il voulait l'embrasser
et se mit à rire d'effroi.

« Vous riez, vous riez, lui dit-il,
— et les vieux montraient leurs crocs jaunes —
votre rire n'est pas l'aumône
que réclame la Gueule céleste.

Il lui faut vos nourrissons,
vos nez fraîchement coupés,
il lui faut une moisson
d'orteils pour son souper.

Elle rit, elle rit, la grande Gueule,
elle brille, elle grésille,
vous riez, vous riez, épouvantable aïeule,
mais bientôt, grand-mère, vos fils et vos filles
ne riront plus, ne riront plus.
Vous riez sous vos parasols de nuit,
ils vont craquer, ils vont craquer,
entendez rire la grande Gueule,
car bientôt vous ne rirez plus. »

ENTRÉE DES LARVES

Le suisse de l'église menait paître ses chèvres dans l'avenue vide.

Quelques enfants mouraient ou séchaient aux fenêtres — c'était le printemps et les mains des hommes se déroulaient au soleil, offrant à tous le pain de leurs paumes que les enfants n'avaient pas encore mordu.

Sur les terrasses on se retrouvait entre terre et ciel; il y eut beaucoup de crânes brisés ce jour-là, de jeunes gens qui voulaient voler au-dessus des jardins.

Les mouettes et les mouchoirs claquaient dans l'air et cassaient du bleu dans les vitres, des steamers de cristal s'enfuyaient par-delà les nuages.

Quand le soit vint, ce fut le tour des vieillards; ils envahirent les rues, assis sur leurs tabourets de bois grossier, ils charmaient les pigeons et buvaient du lait chaud.

Le ciel était seulement un peu plus foncé et plus haut.

Les arbres s'étirent dans le parc et tendent des pièges aux papillons de nuit; le suisse est rentré dans l'église et les chèvres dorment dans la crypte.

Les femmes hurlent soudain toutes avec des gorges de louves, parce que dans les faubourgs s'est glissé un homme nu et blanc venant des campagnes.

LA CAVALCADE

Du nord au sud, des crêtes de glace aux robes des mers, des doigts de neige aux terres endormies des tempes, la cavalcade court, s'enfle, explose et se reconstruit en carcasses de cuisses et en chimères de carton peint.

La géante aux yeux blancs fait un bruit de raz de marée en soufflant dans les orgues de ses doigts creux. Mettez des tapis de mains coupées sur son passage. Éloignez les enfants, leurs ongles pâles mourraient parmi les rires rouges des lèvres luisantes et les gestes monstrueux des femmes mécaniques.

Sur la plage les langues de la mer se retournent et lèchent le sable à rebrousse-poil. Deux bras levés au ciel s'envolent à tire-gorge pour annoncer la procession. Au-dessus de la ligne de dunes une architecture de poutres vernies se dresse, où s'ouvrent de gros yeux sans profondeur.

L'humanité cherche le héros qui la sauvera. Où est David, le petit berger David? On le cherche partout, on vide tous les sacs de charbon dans tous les entrepôts du monde. Au chant des cigales télégraphistes, les fausses nouvelles étranglent l'espace. De tous les points du monde, on peut voir maintenant, se dressant à l'horizon, et grandissant un peu chaque jour, un bras ou une bouche de carton, ou un doigt de plâtre qui s'écrase entre les dents des cristaux célestes. On n'ose plus sortir que la nuit, en se coulant le long des maisons.

Le dernier jour, un homme débarqua sur la plage, amené par un steamer d'enfant, en fer-blanc et à ressort. Son haut chapeau de tôle noire portait ce mot à la craie : DAVID. Un coup de trompette horriblement faux l'étendit raide mort, et tout fut noyé dans un flot de bière aigrie et d'eau de vaisselle. La procession des géants avait crevé comme un hydropique, et cette fois c'était bien fini.

LA RÉVOLUTION EN ÉTÉ

La lumière est excessive. Les hommes courent acheter des foulards, et ce n'est pas pour se moucher.

Dernier recours : l'éclipse, acrobatie céleste.

Dans le carnaval cosmique, cet homme qui prend au sérieux son rôle de planète. On brûle le soleil en effigie, ironie du sort, plaisanterie d'esclaves.

Qu'on n'en rie pas trop. Les esclaves tournent maintenant autour de la meule qui moud du vide. Leur sueur enivre les astres, le soleil pansu se traîne dans la poussière des routes, un œil crevé s'ouvre dans le ciel et les esclaves rient, les épaules luisantes.

DICTÉ EN 1925

... Et moi aussi j'ai perdu mon Eurydice!

Choc chanteur de larmes tombant du fond du ciel, sitôt couvert par un rire énorme de charpentes métalliques. Mais quelques jours plus tard, on trouve les réservoirs d'eau percés, les greniers incendiés, des chiens enragés hurlent dans les caves closes. Les asiles d'aliénés, trop pleins, éclatent au visage des villes. On jouit de tout dans toutes les rues, on a du sang dans les yeux, et on se bat à coups de cœurs arrachés, et l'on est encore grimaçant de colère parce que la terre reste ferme, que le sang chaud parfume l'air et que les fleurs des pêchers sentent bon. Alors, au détour du sentier où l'on essaie d'étrangler le printemps, on trouve un caillou à la bonne odeur de terre mouillée qu'on se met à adorer éperdument.

« Ceci est le chant de l'homme qui ne ressemble à personne et à qui personne jamais plus ne ressemblera », m'a dit la voix de l'ortie blanche. Il y a dans le clair de lune de grandes dalles pâles qui se soulèvent lentement aux pleurs des crapauds.

... Et moi aussi j'ai perdu mon Eurydice!

Dans les ruisseaux des rues sonnent de petits crânes sur

les pavés. Ce n'est plus le temps de faire des enfants! Meurent les vieillards, puisque la forêt va flamber. Et moi, crispé contre l'impalpable, je craquerai du poids du monde.

(Les clairs de lune... Je sais encore, aux heures de feu, m'étendre dans leur blancheur...)

Mais ce n'est pourtant qu'une porte à trouver! Qui montrera le bon chemin à l'égaré? Calme et patience... ô les clairs de lune et les chants des crapauds et des chiens dans l'air pur!

J'ai cassé des torses, j'ai broyé l'air autour de moi! Parfois l'un d'entre nous part. Un jour, simplement, il n'est plus ici. Et je sais que, reniant tout effort et toute colère, il a trouvé la porte, lui. On m'a fait accomplir les pires monstruosités — puisqu'il faut avoir tout goûté! — Oh! ces corps blanchis de douleurs qui luisaient dans les alcôves; les pires lèpres vous ont rongés : il nous faut vous tuer comme des mouches! Tuer : est-ce la dernière épreuve? Oh! les cœurs raidis à se rompre, et les bras taillant la chair saignante...

J'ai hurlé comme un astre égaré dans les longues galeries à l'écho éternel; on sait qu'on ne verra jamais plus l'air libre et pur des clairs de lune; l'air libre, oui, l'air libre! l'avez-vous goûté à pleine bouche, cadavres indignes, semblants de morts, petits suicidés pour rire; ah! je sais, on se présente :

Monsieur X...
retiré de l'existence.

Encore de la chair à bâtir, oh! la viande qui saigne

en plein soleil, celle d'où jaillissent mille rayons...

Et voici le rampement exténué sous les plâtras, sous les poutres humides, dans les greniers vides. Mais on se redresse quand même arc-bouté contre tout, à remplir l'univers, les os craquent sous la poussée des banquises germées du nord, et c'est la rencontre fatale avec soi-même, et les immondes floraisons de vieux remords quand même à poings mordus, malédictions d'une enfance trop lâche, toute la hideur de ces touffes de cheveux qu'on s'est arrachées et où s'est caillé un sang poisseux, et c'est enfin le miroir brisé, l'effroi des escaliers entraperçus, des escaliers sans fin éclairés d'une lumière inexorable pour les espoirs de clairs de lune.

« Patience, patience... sois calme et doux et tais-toi, tais-toi simplement; les plaines du silence, la lueur des lampes sur les fronts pensifs, les plaines du silence te montreront la voie... » ainsi sourd, douce et sûre, pied d'une danseuse dans la brume très loin, ainsi sourd la voix angélique.

Mais l'escalier épouvantable, là, l'œil du démon! On sait qu'il n'y a plus rien, mais rien, rien (entendez-moi vous le hurler, hommes peu soucieux des citernes crevées dans la ville, des chiens du soir et de la lune sur la gorge blanche des crapauds), rien, rien à faire. Les degrés flambant à l'infini aspirent les pas de leur ricanement vers l'escalier sans fin — oh! plus rien, rien que l'éternité de la chute.

« Et c'est quand même l'éternité. »

L'incantation trouvée, la voix angélique...

Oh! la tourelle dans le parc aux eaux comme les yeux de la femme venue du pôle, la tourelle quelque

part vers l'azur libre dans ses courbes pures (les futurs
clairs de lune se blottissent dans le creux des mains),
la tourelle d'où l'on voit les filles de clarté neiger dans
les jardins... La voix angélique...

1925-1926.

JEU D'ENFANT

UN ENFANT

Un, deux, trois, malheur,
un, deux, trois, bonheur,
devinette, devinette,
parle-m'en, parleras-tu
de bonheur ou de malheur?

TOUS

Sur les mains et sur les pieds,
danse, danse la tulipe,
au jardin la mouche à miel
se réveille et dit :

UN ENFANT

Bonheur !

Bonheur, bonheur, bonheur,
ongles roses des dimanches,
papa est bossu, maman s'est pendue,
un, deux, trois, bonheur, bonheur !

UN ENFANT

Un, deux, trois, malheur,
un, deux, trois, bonheur,
devinette, devinette,
parle-m'en, parleras-tu
de bonheur ou de malheur ?

TOUS

Au jardin la mouche à miel
se réveille sur les mains,
danse, danse sur les pieds,
la tulipe a dit :

UN ENFANT

Malheur !

TOUS

Malheur, malheur, malheur,
cheveux ras des jours de fêtes,
mon petit frère est seul chez nous,
il joue avec le rasoir de papa,
un, deux, trois, malheur, malheur !

SORCELLERIE

Un enfant regarde d'un air stupide la cassure d'une vitre. L'homme qui est derrière la vitre tourne une petite roue de cuivre. La vitre oscille, la cassure bascule et l'enfant a le crâne fendu.

L'homme fit entrer l'enfant dans la grande boutique vide. Un taureau réduit par on ne sait quels procédés à la taille d'une souris galopait en furie dans la poussière du plancher. Dans un coin, un vieux coq avalait des noix.

« Cet enfant est à moi! » cria une dame rampant sur le trottoir. Elle avait le museau rose et humide des jeunes agneaux.

L'homme fit faire un second tour en sens inverse à la roue de cuivre, tapota de ses doigts ses tempes de laiton, et rendit l'enfant à la femme.

L'enfant prit sa mère sur son dos et partit par la ville en criant : « Vitrier. »

LA CONSOLATRICE

Le silence aggravait la perte d'un ami,
les flammes des bougies se figeaient en fleurs blanches,
alors je me montrais du doigt dans les miroirs.

Des tiroirs s'ouvraient seuls au souffle du matin,
un soleil aplati se glissait dans ma main,
je faisais des calculs stupides en bavant.

Une femme entra, aux yeux blancs d'ivoire,
me tendit les bras et sourit, elle avait
à la place des dents des morceaux de chair rouge.

L'ERRANT

Il courait, il courait, le malheureux,
sous la lune et dans les cendres,
son pied glissait sur les plages
et la forêt vierge arrachait ses cheveux.

Il courait, il courait comme un fou,
gesticulant de ses longs membres noirs;
la neige pénétrait son sang,
le sable sa cervelle.

Dans chaque capitale il trouvait des amis
au fond d'un café des faubourgs,
ils l'embrassaient, lui donnaient de l'alcool,
des cigares et des femmes aux yeux bêtes.

Il caressait leurs cheveux,
il mangeait une assiettée de soupe
et s'en allait, ses grands bras ridicules
levés vers un ciel gris et jaune.

Ah! qu'il en avait des amis, des amis,
de vrais amis de par le monde,
il courait, il courait sur les routes et les plages,
parce que ce n'était jamais cela.

Il court encore, mes amis, mes amis,
ne prenez pas cet air stupide,
un œil de trop, un nez de moins,
et chaque fois le tableau est manqué.

Il court, il court, et dans les bars des faubourgs,
on discute de son cas;
les piles d'assiettes tombent des bras des servantes,
chacun rentre chez soi seul, se mordant les lèvres.

Il tourne, il tourne, mes amis,
à s'en rompre les artères.

L'ABANDON

Le soleil mou décevait les adieux,
les bateaux partaient comme des mouches,
les oiseaux se plissaient comme des bouches
et tombaient raides morts des cieux.

Quand je fus seul sous le ciel jaune
dont mes yeux secs arrachaient des lambeaux,
je retournai mes poches
dans l'espoir d'y trouver un compagnon d'exil.

Il n'y avait rien,
rien que la poussière des routes,
rien que les routes de misère,
rien que des reines mortes clouées à des poutres.

Des déserts oscillaient sous mes pas;
ô mon dieu, vous m'avez volé la verticale,
et mes bras tournent fous
dans les cercles blancs de votre œil!

J'étais fou, j'étais fou, vous dis-je,
des draps blancs m'assaillent,
écume amère sur mes lèvres;
je guérirai tout blanc, je guérirai stupide;

mais les bateaux ont perdu leurs couleurs,
ils ne reviendront plus;
j'émiette mes doigts sur les pelouses fanées,
pour attirer les oiseaux morts.

L'AUTRE ABANDON

Il marchait, la main sur mon épaule,
il parlait, et mes lèvres remuaient avec les siennes,
des soleils voltigeaient dans sa bouche,
et le vent nous portait.
Mais sitôt que j'eus dit : « Où allons-nous ? »
il s'est éparpillé en fantômes,
je patauge, et le reconnais mal,
je me vois marcher,
je m'entends parler,
et le vent me secoue par les épaules,
je saigne du nez sur les places publiques.
Mais où sont ses lèvres blondes
et l'odeur d'argile mouillée de ses mains,
et ses yeux bourdonnants d'univers ?
J'ai désappris à le voir,
je vais donner du front dans des faces absurdes,
dans des lilas de peau vivante,
et des instruments ridicules,
je suis affreux.

II

L'ENNEMI DU JOUR

L'ÉTOUFFOIR

La lutte est sûre et le supplice aussi,
pas à pas la nuit gagne,
elle vient, serre-lui le cou,
mais sa peau de poulpe glisse.

Les animaux bruyants du jour
aux piqûres certaines,
je les rejette au tombeau blanc,
et j'admire ma lâcheté.

Les morts sont en pleine lumière
blancs et semblables à eux-mêmes
dans l'indéfini des miroirs.

Mais ce qui est noir, c'est le bras de soie,
tourne, tourne, bouche du soir;
ce qui noie, c'est la bouche noire
qui fait tourner le cœur trop gros dans la poitrine.

Venez, venez, mes lourdes ennemies,
les fleurs du jour cassent comme le verre;

les miroirs ne me trompent plus,
venez, venez, formes changeantes.

Ce qui est noir et plus noir encore,
c'est la bouche tournante,
c'est la chair tuante et creuse,
c'est la peur mouvante.

La lutte est sûre dans la nuit,
mais que veut dire : vaincre?
Tourne, tourne, et que tiendras-tu
Quand je chavirerai dans tes bras de velours?

Dans tes bras de velours mouillé
qui glissent vers ma gorge,
dans ces cent bras mous ce qui tourne
et tourne toujours sous des sueurs blanches,
c'est ce cœur noir, cet animal
que je ne connais plus.

NAUFRAGE DE NUIT

Le velours sans fond du dernier soleil
aspire les éclats mourants des yeux
qui tournent de lourde ivresse.
Les derniers rideaux du sommeil
ondulent au bruit sourd des coups du sang
dans les membres creux des statues.
Une lie lumineuse en flaques
coule dans le tumulte désespéré
des voix qui se veulent éternelles.
Le jeu sans fin des trappes et des rideaux
où le rêve se complique
d'anguilles, de mollusques,
et d'idoles aux bras innombrables,
dissipe en brouillard les regards
qui s'essaient à vivre,
les cadavres d'espoirs à la dérive
réclament l'éternelle naissance
d'un perpétuel meurtrier.

A PERDRE SENS

Outre pleine de cris
— cris rouges du sang sombre,
et cris blancs des mains maigres,
et clameur bleue sous les plafonds calmes des fronts —
peau pleine de rumeurs
aux échos de villes souterraines,
quand crèveras-tu en sanglots
dissolution de ton chaos ?

Fleuves charriant de grandes membranes mortes,
pellicules blanches de la souffrance,
coulée des larmes et des sueurs,
dans quelle bouche allez-vous vous perdre,
pour renaître fleurs de feu ?

Les flots nuageux et salés
des paupières battantes et des portes
qui s'ouvrent seules sur les champs d'ombre,
vont et se retournent,

ventres sonores de mes plaintes,
toujours les mêmes et changeantes,
voix vides aux larges remous.

Vides, pâles, je ne les comprends plus,
ces grandes voix blanches.

FEU AUX ARTIFICES

Les manèges tournent
avec leurs carrosses de plâtre doré,
les sirènes aux cheveux jaunes soufflent
de leurs grandes poitrines creuses,
le malheur entre dans la ville,
parmi les palais bâtis par des fous,
le malheur entre dans les châteaux de cartes,
dans les carcasses de plâtre des maisons,
dans les manèges dorés.

Mettons le feu à la cité,
les sirènes du manège flambent,
les couleurs de leurs joues se rehaussent,
le malheur, main de fer, demeure,
parmi les rires de braises,
et l'odeur du carton verni
qui brûle rose.

La main de fer demeure
plus brûlante et plus sûre,
beau malheur luisant dans les cendres,

dernière certitude, que caches-tu dans ta paume?
ouvre les doigts, main dure mais solide,
que je pose mon front brûlé
dans ta chair vive et ferme,
saignante de soleil tueur.

LA SUEUR PANIQUE

Des barques glissent
dans des cieux liquides
et les gencives des loups saignent
dans la nuit de velours vert.
Des larmes tissent
dans des yeux limpides
la toile où les regards se teignent
du jeune sang des fronts ouverts.
Le soleil crie
et se débat de tous ses rayons,
croyez-vous qu'il appelle au secours ?
croyez-vous que le soleil meurt ?
Le sable crisse
au petit jour gelé
sous les pas d'un être invisible,
croyez-vous qu'il vienne m'étrangler ?
je n'ai que mes mains pour parler,
des oiseaux gris et blancs
ont pris ma voix en s'envolant ;
et mes yeux roses sont aveugles,
mes mains s'agitent vers la forêt,
vers la nuit mouillée,

vers le sommeil vert,
le soleil crie, croyez-vous qu'il se meure?
j'entends la voix trop pure de l'eau;
le soleil crie, c'est une ruse de guerre;
je lui ai tendu les mains,
ses grands bras dans le bleu vide
qui file vainement vers l'horizon,
ses grands bras frappent, frappent mon front,
mon sang coule rose comme mes yeux,
ô loups, croyez-vous que je meurs?
loups, inondez-moi de sang noir.

CREUX DE SONGE

Tu te relèves déjà, soif,
hé quoi, tu fais la sourde aurore,
tu te relèves, monstre jour,
tu ne veux pas crever encore,
l'horizon palpite et sue
avec trois balles dans la peau,
et tu marches toujours nue
avec tes pattes transparentes
et ton ventre de cristal souple.
Ah! mais tu ne casseras pas?
Les cloches ne te tueront pas?
Tu restes là, avec les belles idiotes,
entre les bras de la fontaine,
je vais me cacher dans les nuits,
dans les ventres d'ombre nue,
ah! tu peux marcher, soif transparente,
tu peux faire la sourde aurore,
j'ai pour moi les sommeils aux cent plis,
tu peux t'éteindre, ô flamme opaque.

CASSE-CŒUR

Cet oiseau ne reviendra plus
qui se détache de ta face,
né de ta peau, déplié dans l'espace,
il bat des feuillets d'air comme un enfant éperdu
claque des mains devant le corps de son père étendu
le crâne brisé contre un mur.

Ce coup soudain d'un marteau de glace
sur ton cœur, lorsque les ailes se nouent et se dénouent
dans les plis de l'air, ce coup
sur la nuque, à saveur de sang,
gèle la sphère d'espace :
fini le grand air libre, un seul dur cristal,
et ton visage suffit à l'emplir.

Tout est plein et lourd sur ton front et tu crains de
    dormir :
c'est ta mort, lourde, pleine et ronde.
Dormir, ou sortir, meurtrier léger,
dans le claquement de l'oiseau envolé.

1927.

TOUJOURS EN VAIN

Celui-ci qui me parle, c'est un oiseau sans tête,
cette flamme et cet oiseau,
ces trois cris sur la tempête,
le cri qui tombe en déchirant le ciel,
le cri qui s'envole en soulevant la mer,
et le cri des cris qui se heurtent,
c'est le chant d'une tête coupée,
et mes poings sont des pierres
que le feu lèche.

Sourire de foudre, mains d'océan noir,
je suis votre absurde victime,
je file sur la soie cruelle,
ah! mon œil ne gouverne plus,
le voilà fou, courant à la côte,
mais il sait que c'est absurde,
mais il crie au scandale de l'éclair.
Il peut crier, il peut crever, il peut savoir,
un oiseau noir éclate de rire,
mon sang a beau bouillir, c'est ça.

LA PEAU DU MONDE

Je vis et je vais m'interrogeant de la vie,
et l'image méconnaissable de moi-même,
ce monde d'air, de roc, de maisons, de lumières,
de millions de visages sans lois, sans voix,
ce cuivre, ce bois verni, ces souffles, ces cris,
tournent, couleurs à fleur de peau,
formes touchées, mangées, où suis-je?

    (Non, non, ce n'est pas une devinette,
    hélas, ce n'est pas une devinette,
    que ce soit ici ou ailleurs,
    je ne me reconnais plus.)

Ordre si fragile de la géométrie,
ne me prodigue plus les consolations de ton cœur de fer.
Ces jours, je vais dans les couleurs et les sons mêlés,
et je vois la nuit dans les plus vives lumières,
monde, monstrueux fantôme,
ton jour est la plus vide des nuits.
Une voix dit : « Où suis-je? qui suis-je? »

Est-ce ma voix dans ce désert?
La surface de chaque chose
est tendue par la nuit qui la gonfle,
— Oh! cette nuit en voiles de soleil!
Oui, cette parole dans la bulle d'illusion,
cette parole perdue,
ce n'est jamais que la mienne.

JOUR, Ô SCANDALE!

Un siècle s'est-il écoulé
depuis ce dernier sourire
qui flotta devant mes yeux,
depuis ce soupir
qui me noya dans un vertige creux?

Ô brume et boule et nuit femelle,
le temps que j'ouvre la bouche,
disparue... Ô soleil vide,
lumière imbécile, non, tu n'éclaires rien;
où se cache-t-elle,
où rôde l'ombre de ses mains?

Ciel menteur, avec tes pierres aériennes,
tu me dis : « C'est impossible »,
tu ne sais dire que cela,
ô ciel, robe des suicidés.

Mais où flottent les mains d'ombre?
N'est-ce pas, n'est-ce pas que le jour est menteur?
Ah! vous ne croyez pas, vous non plus, au soleil?

Hélas! bleu et blanc et vert sur les collines,
l'espace crie et rit de ma solitude.
La véritable nuit est dans le cœur des fleurs,
des grandes fleurs noires qui ne s'ouvrent pas.

Assassin d'or et de verre bleu,
tu me l'as dérobée le temps que je m'éveille,
il n'y a rien de plus que des couleurs,
des formes et des sons, un monde sans détours.

Mais mon œil en s'ouvrant est devenu aveugle,
d'un coup de paupière, ô mon océan,
toi qui noyais les rires du soleil,
adieu; oh! pourquoi ce ciel inutile?

Je ne crois plus à la lumière,
il ne reste rien, des îles éparpillées
s'en vont mourir dans les gouffres,
mais je ne sais plus me perdre,
et je pleure dans le faux jour.

LE FOND DU SORT

Si j'ouvre les yeux ce n'est pas pour te voir,
jour faussé, ciel borgne, éponge,
j'ai le nez dans ton fumier,
c'est bien assez.

Ma fureur, si ce n'est ce bras qui bouge
et qui ne bouge plus, glacé de doute,
c'est cet autre bras intérieur,
ce n'est plus lui.

Paralysie, paralysie, tu es ma peau
et l'on me couperait en tranches
qu'aucun sang ne giclerait
de ces nacres grises.

Paralysés de toutes les caves, de tous les siècles,
je suis avec vous, le regard cloué mort à la fausse porte,
à l'issue par où nul n'est jamais sorti, la vieille tromperie!

La conscience aiguë de la momie entre les sourcils me pique de feu et le cri est aux abîmes.

Et d'autres, pourris de patience, coulent en larmes de sirop bleu, par des soupiraux tièdes, dans la mer où je vomis.

« Lâcheras-tu le bastingage? » me dit la chère vieille voix de l'amertume,

     voix de fantôme désormais
     et qui rit de me voir pendu
     entre ciel et terre dans ce vertige
     étranger
     sans os.

LA NAUSÉE D'ÊTRE

Je ne suis pas venu au monde
pour forger des bras aux centaures,
pour donner mon sang aux mouchoirs
qui sèchent au clair de lune.

Je ne suis pas venu au monde
pour combattre mon ombre,
ni pour trouver un jour mes poings
becquetés par les faisans.

Je ne suis pas venu pour frapper
ni pour rire à la mort.
Je ne me souviens plus,
des civières s'en vont,
des galères flambent,
des genoux tremblent et des faucons se posent
sur des boules fragiles et vivantes.

Si je regarde en arrière,
la mort s'en va à reculons,

indéfiniment des portes claquent,
jusqu'aux placards de l'horizon.

La mort au rire vulgaire
derrière ses persiennes vertes
suce un bonbon anglais
et les tapis sont mouillés de tisanes.

Je ne suis pas venu au monde,
au commencement il n'y a qu'un grand rire,
au coin d'une rue une poupée de plâtre
ouvre, en suant une eau verte de rage,
des boîtes qui ne contiennent que des boîtes,
et sans fin des boîtes.

Plus loin, comme un cœur suce le sang,
un trou dans une chair gigantesque m'aspire,
des murs vivants, rouges et chauds,
me traînent par la gorge,
je ne veux plus me retourner,
que tout à l'heure on m'assassine
d'un coup de couteau de cuisine
entre les deux épaules.

LA MÈRE-MENSONGE

Oh! balises des mémoires,
témoins noirs, une main jure —
et : « ne m'oubliez pas! »
Oh! des serments de fer
et des boulets aux pieds
qui sont des statues de moi-même.
Et : « je ne vous oublierai pas. »
Assez! et la hache mortelle
de métal bleu sans grève
tranche, et le fer saigne encore
et oui! je vous oublierai
et d'un réel oubli sans phrases
avec le craquement sec du parjure sécateur
à la fin de la vie, et la grève...
la grève des boues aux estuaires
où patauger mille ans dans une aube éternelle,
froide, parmi les poissons pourris,
au commencement.
Je ne me suis pas créé de mes mains,
la mer est loin,
tout recommence dans le pullulement des souris,
peaux grises d'ignobles amours;

les enlisés valsent au frais
dans les boues lentes.
Ah! rigolez, rigolez, rossignols,
il fait bon vivre, on fait des crêpes
dans les sous-sols du palais.

La flamme est morte dans cet œil
où s'enchaînaient les siècles,
les dragues raclent aux grèves des crépuscules
les derniers râles des âges noirs,
et dans les sables mouvants des nausées,
des poings et des lèvres sanglantes
forgent le soleil du malheur.
Déjà les larves vénéneuses rongent
les rêves des hommes et leurs amours,
et des lueurs vivantes s'amassent sous les lits.
Ce n'est plus un cœur sauveur qui bat,
c'est, dans les peaux des nuits pourrissantes
le battement de soie d'un multiple vampire
sur toutes les paupières.

Les hommes rêvent de nuit éternelle,
au matin vide la voix brisée chancelle :
« Nous sommes volés », disent-ils, à nous de RIRE!
et de RIRE! jusqu'au sanglot, dernier crachat.

LA TÊTE ET LE TROU

à Véra.

La Loi, le monde plein, les seins de pierre et les animaux écrasés à terre.

Le grand silence des sorcelleries, puis le balancement derrière les huttes des yeux rouges et des peaux qui luisent et vibrent.

L'aïeule apporte un bol de lait pour mon dégoût. Il faut fuir.

Les ailes sont aussi de glaise, le fouet ne mord plus sur la chair.

Le monde n'est pas assez plein pour que je sois obligé de le quitter. Mais où est ce vide qui m'attire? Vide qui me ressemble, vide muni de bras et de jambes, mais plus décevant qu'une statue taillée dans la nuit. Faut-il que j'attende que quelqu'un vienne combler ce vide, ou dois-je le combler moi-même? Il y a trop de place pour moi dans le monde. Ce qu'on nomme l'horreur sacrée, les mortes à tête de plâtre, les demi-dieux à pieds de chèvres et les rites monstrueux dans le sang noir des victimes, ce serait pour moi le repos.

Que tout soit plein, et qu'il n'y ait plus rien que tout.

MORALE

Et si ce rocher croule un jour,
et si ce diamant meurt et se ride
dans les mares, dans les mères du feu,
et si l'on coule à la mer
plus profond que les cloches, poitrines des montagnes,
ce n'est rien qui me sera volé,
les mains coupées ne sont plus des mains
et leurs fantômes restent plus durs.
Si le vent déchire la bulle
ses débris seront des oiseaux,
tous les crimes sont vains.

Les lèvres perpétuelles, où ? dans ce vent,
et là-bas, derrière plus d'horizons
que n'en peuvent gravir des yeux en liberté,
les lèvres renaissant si visibles toujours
ce sont elles qui cachent le sourire bleu
si pâle mais qui brûle, et hors les dunes,
et hors les grèves et les fracas des perles
et des vents et des soleils,
l'assassin, que tient-il, c'est sa propre gorge
entre des mains méconnaissables.

LA DERNIÈRE RACE

Ne dormez pas dans la terreur du verre,
ne dormez pas le ventre en l'air,
poissons célestes, oiseaux rampeurs,
porteurs des tempêtes et des germes.

Des abcès durcissent rouges
entre les yeux des bâtisseurs;
ce n'est pas le moment de dormir;
les pieds sur la terre! ivres morts,
la main au ventre si un couteau s'y plante,
retiens tes intestins et toi, coupe ta paupière
si tu la sens prête à tomber;
ouvrez vos yeux sanglants, cramponnez-vous à terre
si le vent vous arrache et vous balance en l'air,
dressez-vous, les carcasses, tendez vos fronts enflés,
poissons célestes, oiseaux rampeurs,
ensemencez les fronts des bâtisseurs,
entre leurs yeux couve le feu d'un abcès rose.

Géants fatigués après le grand ravage,
membres craquant de courbatures,

muscles rougis à blanc où les fleuves de vie
se sont figés en lentille incandescente de douleur,
titans du tétanos après le dernier carnage,
morts jusqu'à la moelle,
rocs éternisés en pleine souffrance,
relevez-vous, échines de pierre, en grinçant,
vos genoux craquent des tonnerres;
qui songeait à dormir?
qui s'en allait, le ventre en l'air, à la dérive?

Aujourd'hui le baptême est du fer rouge
aujourd'hui votre signe est le volcan
où l'on vous plonge dans des langes de lave,
d'où vous vous relevez avec oh! quelle douleur,
quel monstre greffé à votre chair
qui vous mange haletant,
qui pousse entre les sourcils,
aujourd'hui votre signe, entre les yeux, c'est le volcan
il est mûr, il est brûlant
sous la peau qui luit tendue.

Un souffle avait déposé la semence
presque sans que l'on s'en souvienne —
ce n'était qu'un souffle où chantaient des bêtes fragiles,
où passaient des voix inutiles,
après le grand désastre, sur les géants,
et rien qu'un souffle, qui disait
de ne pas dormir dans le ventre vide du monde
car les germes flottaient et dansaient dans un souffle.

Il s'est posé sur notre front, ce vent,
mais qui est-il ? et d'où vient cet amour,
cette terreur et cette angoisse et cet élan
qui vous jette, les géants,
la tête dans la tête vidée du vaincu
dans le gouffre où rôde le souffle :
il est vous-même, ce vent, c'est la clameur et c'est le râle,
qui jaillit au dernier moment d'entre vos dents
quand tout fut détruit —
il a rebondi, ce hurlement, sur quelle voûte ?
sommes-nous encore enfermés ?
ce ventre qui riait quand nous disions : le monde,
nous l'avions pourtant digéré,
nous avions fait le tour des choses et des lois
et de nous-mêmes.

Mais il n'y avait plus rien, rien que le vide
et rien qu'un souffle, où nous flottions le ventre en l'air,
et pourquoi fallut-il donc ne plus dormir ?
Il y avait ce vent, cette clameur dernière,
le dernier cri libre lancé de la victoire...
ce dernier souffle est revenu
il s'est réfléchi sur la voûte, la dernière,
d'un nouvel et dernier corps de gloire inconnu.

Et nous voici de nouveau nus devant nous
pour le dernier combat, et sans sommeil,
sans plus jamais dormir, dormir le ventre en l'air,
les yeux de pierre, et ce trou dans le front
plein du tumulte des agonies pour finir,
nous avons des ruisseaux de sang sur la face
les laves tournent, tournent sous la peau,

nous sommes de la nouvelle race, celle de l'abcès,
celle du trou de lumière de lumière de la fin
sans engendrer que notre mort,
absolu soleil unique et sans sommeil,
je suis ici sans nom la flamme pour finir,
non et non — mais pour finir sans fin —

FIÈVRE BLANCHE

Avant que l'éveil n'ait mis sa griffe
sur ce front qui dort fermé sur des feux,
sur des nuits et sur des poisons chanteurs,
j'aurai plongé dans la mare sans rides.

Celui qui bat dans la poitrine,
le soleil monte le long du dos
jusqu'à l'éclat bleu dans la nuit,
jusqu'aux signes soudains dans le silence
du souffle épuisé dans la tête;

jusqu'aux mots de phosphore si peu brillants,
si peu bruyants et sans éclat, mais sûrs,
plus sûrs qu'un acier dans la gorge,
plus sûrs que l'incendie, plus sûrs que la dent
de l'affamée des nuits, la larve ronge-reins,

si peu brillants devant les velours grands ouverts
d'yeux qui ne lisent pas, mais d'yeux qui voient,

buvant la détresse de cette nuit,
mesurant sans repos ces horizons fuyards,
depuis les dunes noires sans accès du sud,
depuis les marais toujours bleus vers le nord,
jusqu'au centre plus noir que le noir du velours
des yeux qui voient! jusqu'à l'abîme
où la fleur sans raison du signe vient d'éclore.

Le velours de nuit descend en soi-même,
le vide s'arrondit sous un travail obscur
et tombe en perle noire droit au fond de moi-même
et de là regarde.

Une fièvre argumente et ferme ma prison;
ai-je lu que tout était perdu?
ai-je lu que j'étais sauvé?
je suis seul enfermé avec ma sœur la maladie,
la blanche multiforme, la dépouilleuse;
ce dernier hôpital est un cube sans portes
et qu'ai-je lu sur le mur blanc?

une lueur bleue serpente sur ma peau,
la mange et me dessèche,
je ne sais pas ce que j'ai su.

III

LA MORT ET SON HOMME

LE PAYS DES MÉTAMORPHOSES

Me voici encore au carrefour, avec cette terreur blanche qui m'attend. Mes conquêtes me coulent des doigts, mes belles conquêtes sages, folles, rouges, vertes, tournant comme un sémaphore maintenant inutile. Et la peur blanche luit sur la falaise, une gelée vivante tremble sur le sol. Les étincelles des anciens désastres s'éteignent sur mes mains de charbon. Ah! pour cette fois cela n'ira pas sans que je crie, sans que je casse quelque chose, et voilà, voilà, mes plus précieux bijoux je les brise sous mon talon et c'est pour ton œil de folie claire, lune de craie qui me défend l'accès des océans. Pour ton œil que rien n'aveugle, pour en finir plus vite — et pour recommencer — ah! ton éternelle ruse! Tu me dictes même ma fureur, et la voici déjà écroulée. Les glaçons filent sur le fleuve limoneux et l'éclair silencieux ne luit que sur des morts.

Je reviens à ma situation humaine, que veux-je dire? Ah! il s'agit donc de moi? Ces accidents brisent ma voix, faut-il donc renverser les murs pour se faire comprendre? et ce ne serait encore rien.

Un maître impitoyable au sourire de glace lumineuse me propose un autre corps, et me voici, ayant accepté l'épouvantable marché, devant toujours la même gelée tremblante sur la falaise blanche; devant ce corps sans forme que je ne sais comment animer. C'est le terrible amour qui m'est réservé, celui que j'ai choisi, hélas! Je suis stupide comme un adolescent devant la première femme, avec des yeux qui certainement me sortent peu à peu de la tête, en calculant mentalement le nombre de secondes renfermées dans une année, pour tenter de ne pas croire à cela. Il faut me tailler là-dedans des yeux, des oreilles, une bouche, des narines, des membres et tout un corps comme je le désire, mais la vie est traître, elle ne voulait pas me quitter et se collait à mes os; maintenant elle m'a laissé, non, je n'aurais pas la force d'entrer dans cette mer, je n'engendre que des cadavres. Les lueurs tournant encore sur les dunes, elles sont devenues grises Oh! c'est vrai, non, ce n'est pas la peine de se cacher. dans les boues, des cadavres, des cadavres seulement, plus vite et plus vite; à chaque tour du sang de peur au sémaphore des dunes, il tombe un nouveau cadavre. Voilà. Mon désespoir ne ferait plus bouger un brin d'herbe, et j'ai la voix blanche des mourants — non je n'ai plus ni voix ni souffle, je ne sais pas, qu'est-ce que ça peut faire? Une ombre, les vivants ne la connaissent plus; mais reconnaîtront-ils un jour son reflet dans le sourire cruel des morts solitaires?

DÉFI

Défi porté aux mains, plus fortes que la mer, qui
soutiennent les têtes des morts :

mains, souvenez-vous de vos vies inutiles d'autre-
fois, retrouvez ce matin l'agilité de vos doigts pour
me découdre.

Je vous attends, accroupi sur les cendres,

je vous entends déplier vos os,

oserez-vous venir, pâles et rapides comme les morts
que vous soutenez, viendrez-vous avec vos ongles
pointés vers mon front « dans l'océan strié de vols
d'oiseaux sauvages ? »

Je vous attends, les yeux en avant, mais je faiblis
et m'abandonne à la poussière, car je sais d'avance
que je vous pardonnerai.

Venez pourtant...

LA PIERRE LUCIDE

Océan, ô des pleurs et des maléfices, ah! qui dit :
    toujours?
et quelqu'un se tait
et l'autre meurt blanc qui se croyait un fleuve
et moi je vais sur la lisière, et méchamment ah! qui dit :
    toujours?
mais moi de nier et renier
et l'un meurt bleu
et l'autre à l'océan
retourne et quelles plumes! ma vanité d'envol,
autour de mon cou qui est le vôtre
vu dans je sais bien quel miroir
ô mon amour-néant, le vôtre aussi (et la mer!) autour
autour les cordes brûlent, autour de votre cou
et : ah! qui dit : toujours?
sans l'effroi de ce pendu bleu et blanc
oh! non jamais, et moi de dire : jamais,
jamais dans ce miroir,
miroir sans avenir.

EXACTEMENT
A DEUX DOIGTS DE LA MORT

Il y avait longtemps, il y avait une épaisseur
de jours impénétrables et de ciels troubles,
une épaisseur de nuits fermées, des jours, des nuits,
   des heures,
depuis que tu tendis tes bras glacés vers moi;

il y avait longtemps, il y avait une épaisseur
de suif humain sur mes yeux;
j'avais encore, ignoré dans le ventre,
un mauvais goût débile pour cette vie,
le traître!

Qu'elle meure et qu'elle sèche
dans ces caves, la vipère,
qu'elle sèche en ce tombeau
qui se creuse sous mes côtes,
qui s'enfonce vers mes reins
lorsque je pense à toi,
quand la marée aveuglante du sang
s'enfuit sous ton regard par-delà l'horizon.

Je t'ai revue! (Je l'ai bien mérité,
après tout!)
Il y avait longtemps, mais jamais face à face
tu ne fus plus près de moi;
ma faim que calmaient des viandes impures,
ma faim que comblaient de tristes nourrisseurs,
la voici vierge à nouveau, vide comme la vie,
évidée par l'évidence d'être faim de toi seule.

« Adieu, adieu! », on parle au fond du sort,
on parle à l'heure où se noue mon destin;
adieu, je vivais de ta mort.

Les pas que nous faisions loin l'un de l'autre
étaient réglés par un nombre éternel.
(Compter et décompter le long de mon destin,
nouer et dénouer les boucles du chemin,
mais savoir l'objet de ma faim!)

Comme une orbite privée de son astre
je me pensais en cercles vides sur moi-même;
j'ai poursuivi des lunes fantômes,
je me suis consolé de trop de faux soleils.

Maintenant la nuit seule s'étend à ta place,
la nuit tient toute dans l'absence de mon cœur,
ta forme seule veille affamée de te vivre,
ton lit est préparé dans le cœur de la nuit;
le temps même n'est plus que la longue souffrance
d'être privé de toi.

J'ai la forme de ton absence,
j'attends ton souffle dans mes membres,
oh! tu fourmilles de soleils!
mais ne reviens que pour ne plus t'enfuir.

LE SEUL

Dévorées mes filles magiques,
Herbe, Pluie et Chevelure,
en moi vous mourez lumineuses.

Interminable nourriture pour ma faim,
votre chair, car toujours se creuse dans mon ventre
le vide des néants de mondes hors-jetés.

Silencieusement naît un triste royaume
de croulements sans bruit et d'agonies,
toute une humanité de cadavres mobiles
dans la facilité désolante de mort.

(Ces autres, ces rôdeurs, miment encore la ronde
d'une vie qui n'est plus que cendre dans les siècles.)

Rien n'est plus qui parle au nom de soi-même,
mais voici naître, à l'autre face du silence,
ce qui pousse et se sait et se veut pousser Herbe,
qui pleut la Pluie, qui se pleut immobile,

et qui s'érige en flamme immuable filant
les longues cent mille pensées de la Chevelure.

★

Cette statue de vide bleu et de vertige,
morte, des chairs convulsives l'habillent;
morte, elle ondule et claque au vent de la détresse
et des lames de fond élargissent ses yeux;
Morte, aveugle si même en deux prunelles claires
deux fois le même monde fait le même naufrage.

Morte, aveugle et sourde! si même tu entends,
si tu as l'au-delà d'une oreille pour entendre
l'image-son de cette note continue
qui se soutient en immobile cruauté.

Il est difficile, et d'un chemin glissant,
de venir derrière son dos et de lui souffler dans la tête
l'enveloppant savoir de soi-même et de l'autre;
de boire en sa pensée la pensée d'une morte :
cette statue visible de douleur,
il est difficile...

★

Plus difficile, si je vis la mort d'une statue,
de connaître un plus vaste asile de vertige
où me réfugier pour mourir de ma mort
et vivre de la vie d'un plus grand que moi-même,

169

qui, derrière mon dos, là, souffle dans ma tête,
là, cet asile creux dont je suis l'ombre opaque.

Plus grand que moi! et toujours t'évidant immense
invisible derrière moi — non pas même la nuit
qu'une onde frissonnante imagine parfois
en vague froide sur la peau de mon dos —
plus grand que moi! — plus grand encore si je deviens
    toi-même
et toujours de nouveau te creusant dans mon dos,
plus grand que moi et cependant réel moi-même :
toi seul voyais, toi seul aimais, toi seul marchais,
je n'étais que tes yeux, ta poitrine et tes pieds.

Lorsque mes yeux fixés dans les yeux grands ouverts
de la statue absente et vide de ma mort,
je faisais un serment, je volais ta parole,
je te volais l'amour dont j'espère mourir.

Que je te sois, Plus-grand-que-moi, mon Meurtrier!
et qu'il puisse être maudit,
celui qui disait : je, qu'il ne soit que fumée!
il n'est que le milieu d'un souffle.

Et s'il veut parler, qu'il se présente d'abord debout,
nu, le regard absent, devant les trônes solitaires
du Meurtrier et de sa Mort — et qu'il déclare :

    « Je suis fumée, je n'ai pas la Parole,
    je n'ai que le milieu d'un souffle. »

« Si l'un se glisse entre ce Roi et cette Reine
comme un voleur d'amour et de parole,
qu'il dise : je, et se fasse gloire,
et parle au nom du Plus-grand-que-soi-même;
s'il parle à la mort qui n'est pas la sienne :
qu'il soit anéanti dans leur étreinte. »

« Mais que je sois plutôt parfaite transparence
de ne pas être, au sein de l'union ardente
du Tonnerre Niant et de la Mer Néante. »

Janvier 1931.

IV

LES SILENCES DU TONNERRE

PRÉLIMINAIRES

Des murs et des tombes,
les monts tombent sur des morts,
les chevaux mordent les mors
et les nues crèvent de maux
que mon souffle y engraisse.

Corps de gloire, oui, mais d'abord
la saleté et l'enflure,
le goinfre de ne plus manger
parce que mon feu l'aura mordu
secouera sa peau plissée.

L'abcès couvre un oiseau
et voilà, j'ai suffisamment enseigné,
venez, les malades ou les pommes soufflées,
vous sortirez de chez moi enfin
couverts de toutes vos pustules
car seul l'os sec est toujours jeune.

VAINE PRIÈRE AUX ÉLÉMENTS

Poussière, poussière d'océans, premier mouchoir au-dessus de la vague, appel au libre nuage...

Le nuage tombe soudain, c'est un bloc de pierre.

Poussière, poussière de roc, dans ce roc j'insinuerai ma liberté, dans ce roc éparpillé au vent.

Le sable brûlant mord les fronts, simoun de flammes.

Fumée, fumée des incendies de torses, fumée pleine de mirages, enfin j'engendrerai mon caprice en toi.

La fumée retourne à l'océan, flaque d'eau sale où une Vénus bossue raille l'espoir de ses dents gâtées.

LE PARTAGE

Sur les pistes transparentes, aux neiges, aux terres et à
    l'orage,
je livre mon double visage.
Je fais courir les faisans
— ils sont déjà froids et raides —
les faisans des forêts des jeunes années,
qui ne sont pas encore.
A l'arc-en-ciel, résonnante enclume, les perles des der-
    niers jours,
qui ne sont pas encore venus.
Au feu des cristaux supérieurs, sur la mer miroir magique
    de mondes futurs, patineur gelé je ne poursuis rien,
    rien que mes membres pour le feu.
A l'orage ma cervelle. Ô foudre blanche, mes genoux sur
    la glace.
Aux terres vierges la nuit de chaque jour, où je ne puis
    plus mordre, pour leurs corps glissants.
Aux lunaisons mes mâchoires serrées, avec le goût salin
    de la mort.

LA CHUTE

Sur l'or combustible avant les mers et les vents,
à ma droite, à ma gauche, qui n'étaient pas encore,
mes têtes en puissance germaient de cuivre
et les claironnements volèrent.
Mais il fallut une oreille pour les entendre,
et me voici devant moi-même, la bête,
le son se recevait dans des trombes creusantes,
et me voici devant mes plaies, la lumière
sous ses couleurs impénétrables, et l'œil vit
et me voici devant mon couteau, mon regard
dans le miroir au coin de la rue,
devant l'assassin mon double,
ô toi que j'aime seul,
au nom de qui seul j'aime ce que j'aime,
tu m'as dit, l'acier de tes yeux dans les miens morts :
    « Moi-même, ô ma peau moulée dans ce trou, dans ce
      noir,
    moi-même, ô toi, à l'envers noir de ma peau,
    je te veux tout car tu manques seul à ma plénitude,
    je te veux tout car on t'a coupé de moi,
    tu es un trou, tu es mon vertige
    comme je suis ton eau noire toujours sous tes talons,

plus profonde que n'alla l'enclume depuis les siècles,
tu es un trou, dans moi, dans tout. »

Serpent d'or, tu ne t'es pas encore avalé!
et la mer ton refuge engendrera toujours.
Lui, comme j'allais parmi des flots de pyramides
encastrées sous la voûte et déjà croulant
vers l'eau noire à mes talons,
creva sur moi ses outres d'orages et de vents,
et le hurleur tournait
et je coulais déjà dans la mer, avec la mer,
les passants de la rue n'allaient plus me voir
dans cette toute transparence, cristal sans bulles...
tout à coup tout fut perdu dans un haut-le-cœur,
mes multiples faces renaissaient à m'assourdir,
je n'avais pas voulu, j'avais crié peut-être,
serpent de mer, cercle d'or des sables où mûrissent tes
    œufs,
le soleil ton frère couve encore ta graine,
ta gloire et la boue, mes mains,
et tu dis que je vais pourrir!
et tu dis que je vais renaître!
et tu tournes le chapelet de mes cadavres
au fil des tourbillons d'heures et d'astres en haut
et d'océans en bas;
et qui a dit que je vais mourir?
Destitué de mon rôle d'étoile par un fantôme,
ce bouche-trou vain,
trompé, toujours trompé, je cours dans ta gueule, frère,
et tes dents de marbre m'arrêtent
et tu dis :
    « C'est fini, c'est fini pour ce tour,

tu n'as pas voulu,
tu n'as pas voulu,
va-t'en vivre avec tes millions de faces, les miennes,
et vis et creuse comme une plaie à mon front,
sème le rire du serpent
au bord des mers;
mords la sirène qui te caresse la nuque,
saigne et mords et retourne,
tu n'as pas voulu, c'est fini pour ce tour,
on ne t'a pas trompé.
Et puis écoute pour toujours
et pour tout le chapelet des chapelets de chapelets
de tours et pour toujours c'est moi qui suis
et tourne, trou, faux vide en moi, et crève
quand tu pourras. »

Les murs des rues, ils l'ont vue, ma tête,
ils ne m'ont pas vu crever.
Vide de vide de vide! dernier bouillon
retenu par l'écumoire, million de bulles,
mes faces,
vos faces,
vous qui crèverez avec moi!

L'ENFUI TOURNE COURT

Le char de feu, il était vide lorsque je pus le voir,
il était vide et ruisselant de lumières sans profondeur
lorsque j'osai rouler avec lui
et me rouler dans l'ornière creusée par le soc solaire de
la boule lente et rouge d'or de gorge,
et je roulais et de la gorge et de la nuque
sur les feux vifs des roues,
— Ah! c'est moi que tu véhicules!
je suis cloué aux cataclysmes, aux cataractes
et aux déluges de feu dans les gorges des monts sourds
et dans ma gorge la muette
au seul cri d'ogre.
Car sauvage renoué à la mèche du fouet fendant sec
la peau brûlée je me tordais avec les brins d'étoupe et ma
langue d'amadou,
cloué, cloué et renoué aux deux
et martelé chez les cyclopes
— encore les mêmes jadis,
encore les mêmes plus tard
et, la ligne des temps bouclée, encore les mêmes sur
les sept nœuds identiques du grand cinglant, le vent, la
flamme,

et les mêmes toujours le marteau et les tenailles et le pétrin

et ce grand corps de charbon qui se relève et qui n'en finit pas de se relever,

l'homme des houillères, tout de charbon luisant et pétri d'élytres de la moelle à la peau;

il se relève encore, toujours, et c'est moi-même sous la pince chauffée à blanc,

Et le tumulte, le vieux vacarme forgé de foudres et tissé de pirouettes

pour le rire sec à postérité perpétuelle —

il vient en cône sur mon front, il bout et se secoue en entonnoir,

oui, cloué aux sept nœuds, empoigné à la gorge, au front, à la nuque,

les roues du char, ce sont mes plaies, mes ancres,

qui me retiennent par le vide (il y a longtemps que le sang ne vient plus)

— « à jamais, à jamais, à jamais », je crie mais cette parole a trop d'échos

et ses trop faciles mensonges les voilà fauchés au pied :

ici sans appui, plus bas sans appui, plus bas sans appui la chute, la chute plus bas plus bas, plus d'appui sans appui la chute, c'est ce qu'on appelle toujours, et sans jamais d'appui toujours la chute ni haut ni bas et c'est immobile que se découvre l'œil, sous les paupières de suie, l'œil de houille profonde toujours.

JE PARLE DANS TOUS LES ÂGES

Attention, la perle au fond des siècles futurs aux roues de cuivre hurlantes, qui sont les anciens, la perle est dans son écaille vivante sur la table où l'ancêtre rompt le granit chaque matin, qui dure des siècles, pour la nourriture des fils à venir aux places marquées, vêtus d'astres, et celles des fils morts habillés de pierre.

Attention, la perle est dans le creux de la seule main, au croisement des rayons sous le ciel solide qui ne pèse pas lourd dans ta gorge, vieux buveur !

A ma voix familière tu me reconnais et cette main c'est la mienne, tu n'y peux rien, tu ris, vieux toucheur de mondes, mais j'ai saisi la perle et te voilà détrôné, tout en bas.

Va-t'en régner sur les peuples nomades et les douces nations pastorales, j'ai l'œil aussi sur tes vieux bergers et ils en savent long sur la nuit de ta bouche.

Attention, le fil indéfini des siècles tient tout entier dans cette perle qui est ma face et ma fin.

Les dernières paroles
du poète

POÉSIE NOIRE
ET POÉSIE BLANCHE

Comme la magie, la poésie est noire ou blanche, selon qu'elle sert le sous-humain ou le surhumain.

Ce sont les mêmes dispositions innées qui ordonnent la machinerie du poète blanc et du poète noir. Certains les appellent un don mystérieux, un sceau des puissances supérieures, d'autres une infirmité ou une malédiction. N'importe. Ou plutôt si! il importerait fort, mais nous ne sommes pas encore devenus aptes à comprendre l'origine de nos structures essentielles. Qui les comprendrait s'en délivrerait. Le poète blanc cherche à comprendre sa nature de poète, à s'en libérer et à la faire servir. Le poète noir s'en sert et s'y asservit.

Mais qu'est-ce que ce « don » commun à tous poètes? C'est une liaison particulière entre les diverses vies qui composent notre vie, telle que chaque manifestation d'une de ces vies n'en est plus seulement le signe exclusif, mais peut devenir, par une résonance intérieure, le signe de l'émotion qui est, à un moment donné, la couleur ou le son ou le goût de soi-même. Cette émotion centrale, profondément cachée en nous, ne vibre et ne brille qu'à de rares instants. Ces instants seront, pour le poète, ses moments poétiques, et toutes ses pensées et sensations et gestes et paroles, en un tel moment, seront les signes de l'émotion centrale. Et lorsque *l'unité de leur signification se réalisera dans une image qui s'affirmera par des mots, c'est alors plus spécialement que nous dirons qu'il est poète. Voilà ce que nous appellerons « don poétique », faute d'en savoir plus long.*

Le poète a une notion plus ou moins confuse de son don. Le poète noir l'exploite pour sa satisfaction personnelle. Il croit qu'il a le mérite de ce don, il croit que lui, il fait volontairement des poèmes. Ou bien, s'abandonnant au mécanisme des significations résonnantes, il se vante d'être possédé par un esprit supérieur, qui l'aurait choisi comme son interprète. Dans les deux cas, le don poétique est au service de l'orgueil et de la fallacieuse imagination. Combineur ou inspiré, le poète noir se ment à lui-même et se croit quelqu'un. Orgueil, mensonge, un troisième terme encore le caractérise : paresse. Non qu'il ne s'agite et peine, ou qu'il semble du dehors. Mais tout ce remuement se fait tout seul, il se garde même bien d'y intervenir lui-même, ce lui-même pauvre et nu qui ne veut pas être vu ni se voir pauvre et nu, que chacun de nous s'efforce de cacher sous ses masques. C'est le « don » qui opère en lui, il en jouit comme un voyeur, sans se montrer, il s'en habille comme le bernard-l'hermite au ventre mou s'abrite et se pare de la coquille du murex, faite pour produire la pourpre royale et non pour revêtir des avortons honteux. Paresse de se voir, de se laisser voir, peur de n'avoir d'autre richesse que les responsabilités qu'on assume, c'est de cette paresse que je parle — ô mère de tous mes vices !

La poésie noire est féconde en prestiges comme le rêve et comme l'opium. Le poète noir goûte tous les plaisirs, se pare de tous les ornements, exerce tous les pouvoirs, — en imagination. Le poète blanc préfère aux riches mensonges le réel, même pauvre. Son œuvre, c'est une lutte incessante contre l'orgueil, l'imagination et la paresse. Acceptant son

188

don, *même s'il en souffre et souffre d'en souffrir, il cherche à le faire servir à des fins supérieures à ses désirs égoïstes, à la cause encore inconnue de ce don.*

Je ne dirai pas : un tel est un poète blanc, un tel un poète noir. Ce serait, d'idées, tomber en opinions, en discussions et en erreur. Je ne dirai même pas : un tel a le don poétique, un tel ne l'a pas. L'ai-je ? Souvent j'en doute, parfois je crois en être sûr. Je n'en suis jamais certain une fois pour toutes. Chaque fois la question est nouvelle. Chaque fois que l'aube paraît, le mystère est là tout entier. Mais si je fus jadis poète, certainement je fus un poète noir, et si demain je dois être un poète, je veux être un poète blanc. De fait, toute poésie humaine est mêlée de blanc et de noir : mais l'une tend vers le blanc, l'autre vers le noir.

Celle qui tend vers le noir n'a pas d'effort à faire pour cela. Elle suit la pente naturelle et sous-humaine. On n'a pas à faire effort pour se vanter, pour rêver, se mentir et paresser ; ni pour calculer et combiner, lorsque calculs et combinaisons sont au service de la vanité, de l'imagination, de l'inertie. Mais la poésie blanche va à contre-pente, elle remonte le courant, comme la truite, pour aller engendrer à la source vive. Elle tient tête, par force et par ruse, aux fantaisies des rapides et des remous, elle ne se laisse pas distraire par le chatoiement des bulles qui passent, ni emporter par le courant vers les douces vallées limoneuses.

Comment mène-t-il cette lutte, le poète qui veut devenir un poète blanc ? Je dirai comment j'essaie de la mener, à mes rares meilleurs moments, afin qu'un jour, si je suis un poète, de ma poésie, si grise soit-elle, émane au moins un désir de blancheur.

Je distinguerai trois phases dans l'opération poétique : celle du germe lumineux, celle du vêtement d'images, et celle de l'expression verbale.

Tout poème naît d'un germe, d'abord obscur, qu'il faut rendre lumineux pour qu'il produise des fruits de lumière. Chez le poète noir, le germe reste obscur et produit d'aveugles végétations souterraines. Pour le faire briller, il faut faire silence, car ce germe, c'est la Chose-à-dire elle-même, l'émotion centrale qui à travers toute ma machine veut s'exprimer. La machine par elle-même est obscure, mais elle aime à se proclamer lumineuse, et parvient à le faire croire. Sitôt mise en branle par la poussée du germe, elle prétend agir pour son propre compte, pour s'exhiber, et pour le plaisir vicieux de chacun de ses leviers et de ses rouages. Silence donc, la machine! Fonctionne et tais-toi! Silence aux jeux de mots, aux vers mémorisés, aux souvenirs fortuitement assemblés, silence à l'ambition, au désir de briller — car la lumière seule brille par elle-même —, silence à la flatterie de soi, à la pitié de soi, silence au coq qui croit faire lever le soleil! Et le silence écarte les ténèbres, le germe commence à luire, éclairant, non éclairé. Voilà ce qu'il faudrait faire. C'est très difficile, mais chaque petit effort reçoit en récompense une petite lueur de lumière. La Chose-à-dire apparaît alors, au plus intime de soi, comme une certitude éternelle — connue, reconnue et espérée en même temps —, un point lumineux contenant l'immensité du désir d'être.

La deuxième phase, c'est l'habillement du germe lumineux — qui révèle mais n'est pas révélé, invisible comme la lumière et silencieux comme le son —, son habillement par les images qui le manifesteront. Là encore, il faut, passant en revue les images, rejeter et enchaîner à leurs places celles qui ne veulent servir que la facilité, le mensonge et l'orgueil. Il y en a tant de belles, qu'on voudrait montrer! Mais, l'ordre fait, il faut laisser le germe lui-même choisir la plante ou l'animal dont il va se vêtir en lui donnant la vie.

Et vient, troisièmement, l'expression verbale, où comptent non plus seulement le travail intérieur, mais aussi la science et le savoir-faire extérieurs. Le germe a sa respiration propre. Son souffle s'empare des mécanismes de l'expression en leur communiquant sa cadence. Donc, que ces mécanismes soient d'abord bien huilés et juste assez détendus, afin qu'ils ne se mettent pas à danser leurs danses à eux, à scander des mètres incongrus. Et en même temps qu'elle plie les sons du langage à son souffle, la Chose-à-dire les astreint aussi à contenir ses images. Cette double opération, comment la fait-elle? C'est cela le mystère. Ce n'est pas par combinaison intellectuelle, il y faudrait trop de temps; ni par instinct : l'instinct n'invente pas. Ce pouvoir s'exerce grâce à la liaison particulière qui existe entre les éléments de la machinerie du poète, et qui unit en une seule substance vivante les matières si différentes que sont les émotions, les images, les concepts et les sons. La vie de ce nouvel organisme, c'est le rythme du poète.

Le poète noir fait à peu près tout le contraire, bien que l'exacte semblance de ces opérations s'effectue en lui. Sa poésie lui ouvre de nombreux mondes, certes, mais des mondes sans Soleil, éclairés de cent lunes fantastiques, peuplés de fantômes, ornés de mirages et parfois pavés de bonnes intentions. La poésie blanche ouvre la porte d'un seul monde, de celui du seul Soleil, sans prestiges, réel.

J'ai dit ce qu'il faudrait faire pour devenir un poète blanc. Il s'en faut que j'y parvienne! Même dans la prose, dans la parole et l'écriture ordinaires, — comme dans tous les aspects de ma vie quotidienne — tout ce que je produis est gris, pie, souillé, mêlé de lumière et de nuit. Alors, je reprends la lutte après coup. Je me relis. Parmi mes phrases, je vois des mots, des expressions, des parasites qui ne servent pas la Chose-à-dire; une image qui a voulu être étrange, un calembour qui s'est cru drôle, une pédanterie d'un certain *cuistre qui devrait bien rester assis à son bureau, au lieu de venir jouer du flageolet dans mon quatuor à cordes, et, chose remarquable, du même coup c'est une faute de goût, de style ou même de syntaxe. La langue elle-même semble agencée pour me déceler les intrus. Peu de fautes sont de technique pure. Presque toutes sont mes fautes. Et je raie, et je corrige, avec la joie qu'on peut avoir à se couper du corps un morceau gangrené.*

1941.

LES DERNIÈRES PAROLES DU POÈTE

D'un fruit qu'on laisse pourrir à terre, il peut encore sortir un nouvel arbre. De cet arbre, des fruits nouveaux par centaines.

Mais si le poème est un fruit, le poète n'est pas un arbre. Il vous demande de prendre ses paroles et de les manger sur-le-champ. Car il ne peut, à lui tout seul, produire son fruit. Il faut être deux pour faire un poème. Celui qui parle est le père, celui qui écoute est la mère, le poème est leur enfant. Le poème qui n'est pas écouté est une semence perdue. Ou encore : celui qui parle est la mère, le poème est l'œuf et celui qui écoute est fécondateur de l'œuf. Le poème qui n'est pas écouté devient un œuf pourri.

★

C'est à cela que songeait, dans sa prison, un poète condamné à mort. C'était dans un petit pays qui venait d'être envahi par les armées d'un conquérant. On avait arrêté le poète parce que, dans une chanson qu'il chantait sur les routes, il avait comparé la tristesse qui rongeait jusqu'à l'os la chair de son corps aux fumées meurtrières qui avaient brûlé jusqu'au roc la terre de son village.

Demain à l'aube il sera pendu. Mais on lui a fait cette grâce qu'avant de mourir il pourra dire devant le peuple un dernier poème.

*

Il se disait dans son cachot :

Jusqu'ici je n'ai fait que des chansons pour amuser.
Ce sera mon premier et mon dernier poème.
Je leur dirai :
　　— Prenez ces paroles, qu'elles ne soient pas une
　　　graine perdue !
　　Couvez mes paroles, faites-les croître, faites-les
　　　parler !
Mais que leur dirai-je ensuite ?
Je n'ai qu'un mot à dire, un mot simple comme la
　　foudre.
Un mot qui me gonfle le cœur, un mot qui me monte
　　à la gorge, un mot qui tourne dans ma tête comme
　　un lion en cage.
Ce n'est pas une parole de paix. Ce n'est pas une parole
　　facile à entendre.
Mais elle doit mener à la paix, mais elle doit rendre
　　toute chose facile à entendre, pourvu qu'on la prenne
　　comme la terre reçoit la graine et la nourrit en la
　　tuant.
Quand je serai pourri, dans quelques jours, que de
　　ma pourriture sorte un arbre à paroles. Non pas des

paroles de paix, non pas des paroles faciles à entendre,
mais des paroles de vérité.

★

Mais encore, que leur dirai-je?
Je n'ai qu'un mot à dire, un mot aussi réel que la corde
    qui me pendra.
Un mot qui me démange, un mot qui me dévore,
un mot que le bourreau même pourra comprendre.
J'ouvrirai la bouche — je dirai le mot — je fermerai
    la bouche —
et ce sera tout.
Dès que j'aurai ouvert la bouche, on verra rentrer
    sous terre les fantômes et les vampires et tous les
    voleurs de paroles, les tricheurs au jeu de la vie, les
    spéculateurs de la mort :
Ceux qui font tourner les tables,
ceux qui balancent des pendules,
ceux qui cherchent dans les astres des raisons de ne rien
    faire.
Les rêvasseurs, les suicidés,
les maniaques du mystère,
les maniaques du plaisir,
les voyageurs imaginaires, cartographes de la pensée,
les maniaques des beaux-arts qui ne savent pourquoi
    ils chantent,
dansent, peignent ou bâtissent.
Les maniaques de l'au-delà
qui ne savent pas être ici-bas.
Les maniaques du passé, les maniaques du futur,
escamoteurs d'éternité.

195

On les verra rentrer sous terre dès que j'aurai la bouche
ouverte.

Dès que j'aurai prononcé le mot, les yeux des survivants
se retourneront dans leurs orbites et chacun de ces
hommes et chacune de ces femmes regardera en face
le fond de son sort.

Abîme de lumière! Obscurité souffrante!

Dès que j'aurai fermé la bouche, leurs yeux se retour-
neront vers le monde, chargés de la lumière centrale,
et ils verront que le dehors est à l'image du dedans.
Ils seront rois, elles seront reines, ils se verront les uns
les autres, chacun tout seul comme le soleil est seul,
mais tous éclairés par le feu d'une solitude unique
au-dedans, comme au-dehors par le feu d'un soleil
unique.

*

Mais je rêve et je cède à l'espoir trop facile.

Plutôt, sans doute — ils diront :

— Ce fou, il est temps qu'on le pende. Cette bouche
inutile, il est temps qu'on la ferme.

Ou peut-être encore diront-ils :

— Ses paroles ne sont pas des paroles de paix, ce ne
sont pas des paroles faciles à entendre. Ce sont
des paroles de démon. Il n'est que temps qu'on le
pende.

Et de toute façon je serai pendu. Eh bien, je leur
dirai :

— Vous n'avez pas beaucoup plus longtemps à vivre
que moi.

Je meurs aujourd'hui, vous la semaine prochaine.

Et notre misère est la même et notre grandeur est la
    même.
Mais ils croiront que ce sont des paroles de haine.
    Ces malheureux sont tellement sûrs d'être immortels!
    Et de toute façon je serai pendu.
Que leur dirai-je? Je leur dirais bien : Réveillez-vous! —
    mais je ne saurais pas leur dire comment faire et ils
    diraient :
    — Mais nous ne dormons pas. Pendez, pendez cet
        imposteur
    et qu'on le voie cracher sa langue!
Et je serai, de toute façon, pendu.

                            ★

    Et le poète, dans sa prison, se frappait la tête aux murs.
Le bruit de tambour étouffé, le tam-tam funèbre de sa
tête contre le mur fut son avant-dernière chanson.
    Toute la nuit il essaya de s'arracher du cœur le mot
imprononçable. Mais le mot grossissait dans sa poitrine
et l'étouffait et lui montait dans la gorge et tournait
toujours dans sa tête comme un lion en cage.
    Il se répétait :

De toute façon je serai pendu à l'aube.

    Et il recommençait le tam-tam sourd de sa tête contre
le mur. Puis il essayait encore :

Il n'y aurait qu'un mot à dire. Mais ce serait trop simple.
Ils diraient :

— Nous savons déjà. Pendez, pendez ce radoteur.
Ou bien ils diraient :
    — Il veut nous arracher à la paix de nos cœurs, à
       notre seul refuge en ces temps de malheur. Il
       veut mettre le doute déchirant dans nos têtes,
       alors que le fouet de l'envahisseur nous déchire
       déjà la peau.
    Ce ne sont pas des paroles de paix, ce ne sont pas des
       paroles faciles à entendre.
    Pendez, pendez ce malfaiteur !
Et de toute façon je serai pendu.
Que leur dirai-je ?

*

Le soleil se levait avec des bruits de bottes. Il fut mené,
les dents serrées, vers la potence. Devant lui ses frères,
derrière lui ses bourreaux. Il se disait en lui-même :

Voici donc mon premier et mon dernier poème. Un mot
    à dire, simple comme d'ouvrir les yeux. Mais ce
    mot me mange du ventre à la tête, je voudrais m'ouvrir
    du ventre à la tête et leur montrer le mot que je
    renferme. Mais s'il faut le faire passer par ma bouche,
    comment en franchira-t-il l'orifice étroit, ce mot qui
    me remplit ?

Alors il se tut une première fois : sa bouche garda
le silence. Une deuxième fois il se tut : son cœur se
ferma. Une troisième fois il se tut : tout son corps devint
comme un roc silencieux.

(Il était comme un rocher blanc, comme la statue d'un bélier devant un troupeau de moutons endormis; et derrière lui les loups ricanaient déjà.)

★

On entendit des bruits de baïonnettes et d'éperons. Le délai accordé prenait fin. Sur son cou le poète sentit le chatouillement du chanvre et au creux de l'estomac la patte griffue de la mort. Et alors, au dernier moment, la parole éclata par sa bouche, vociférant :

Aux armes! A vos fourches, à vos couteaux,
A vos cailloux, à vos marteaux,
vous êtes mille, vous êtes forts,
délivrez-vous, délivrez-moi!
je veux vivre, vivez avec moi!
tuez à coups de faux, tuez à coups de pierres!
Faites que je vive et moi, je vous ferai retrouver la parole!

Mais ce fut son premier et son dernier poème.
Le peuple était déjà bien trop terrorisé.
Et pour avoir trop balancé pendant sa vie, le poète se balance encore après sa mort.
Sous ses pieds les petits mangeurs de pourriture guettent cette charogne qui mûrit à la branche. Au-dessus de sa tête tourne son dernier cri, qui n'a personne où se poser.
(Car c'est souvent le sort — ou le tort — des poètes de parler trop tard ou trop tôt.)

1936.

199

LE PÈRE MOT

Nom-de-Non s'engendra lui-même, et il engendra Tout-et-Rien.
Tout-et-Rien engendra Tout-ou-Rien,
qui engendra Tout, qui engendra Infandum,
qui engendra Ineffable et Innommable, les deux frères ennemis.

★

Ineffable fut Prince du Monde, et Innommable de l'Immonde. Ils épousèrent respectivement Immense et Énorme, les Deux Orphelines, et de chacune chacun eut un fils, Théodore Mot et Dieudonné Vocable.

Depuis l'on cessa d'appeler Ineffable et Immense par leurs apparences de noms. Ils n'eurent jamais vraiment de noms. Mais la coutume s'établit parmi leur postérité de les appeler le Père Mot et la Mère Mot.

Cela en ligne descendante. Maintenant, en remontant la série généalogique, la famille de Théodore Mot comprenait lui-même, le cousin Dieudonné Vocable, le Père Mot et la Mère Mot, l'oncle Innommable et la tante Énorme, le grand-père Infandum, l'arrière-grand-père Tout; mais ces deux derniers étaient déjà couchés lorsque Mot vint au Monde, et des plus anciens il était interdit de parler dans la famille, hors certaines occasions solennelles.

★

Le Père Mot, roi du Monde, habitait au sommet d'une colline une petite maison entourée de quelques terres, d'où l'on pouvait voir la poignée de villages qui formaient alors tout le royaume. La maison était tellement insignifiante, ne signifiant qu'elle, que personne, dans le peuple, ne la remarquait. On n'avait jamais vu le roi, ni entendu parler de lui. Le gouvernement était confié à un conseil des Anciens. S'il arrivait qu'ils ne fussent pas d'accord, une coutume immémoriale voulait qu'ils se fissent pendre par les pieds à un grand arbre, et ils devaient rester dans cette situation jusqu'à ce que leur différend fût résolu. Par-delà l'horizon, tout autour, s'étendait le vague royaume de l'Immonde, dont on ne savait rien encore.

La Mère Mot était une femme infatigable. Elle bêchait, fumait, sarclait, ensemençait; arrosait, buttait, ramait, liait, repiquait; récoltait, entreposait, conservait; moissonnait, gerbait, battait, vannait, broyait, pétrissait, enfournait; trayait, écrémait, barattait; tondait les moutons, rouissait le chanvre, cardait, filait, tissait, taillait, cousait, tricotait et ravaudait. Elle balayait, époussetait, lavait, rangeait, mettait tout en ordre si bien que son mari n'avait qu'à ouvrir les yeux, et il voyait tout ce dont il avait besoin.

Le Père Mot ne faisait que trois choses dans le ménage. Chaque matin il soufflait dans une grande trompe pour réveiller la Mère Mot. Chaque année, au lever du soleil qui suit le jour le plus court, il égorgeait un veau pour lui prendre sa présure, dont on ferait lever la pâte pour le premier pain de l'année, le levain engendrant ensuite le levain jusqu'au printemps suivant. Une fois dans sa vie enfin, le jour de ses noces, il avait battu le briquet pour allumer le feu domestique, que la Mère Mot depuis conservait sous la cendre la nuit et ranimait le matin du double soufflet de forge de sa poitrine. C'est tout ce qu'il faisait dans le ménage, mais c'étaient trois opérations essentielles, comme disait plus tard leur fils au temps où il étudiait la philosophie.

Si la Mère Mot avait eu la parole, elle eût en elle-même appelé son époux des noms secrets de Papa-Feu, de Papa-Pain et de Papa-Trompette. Mais la Mère Mot ne parlait pas. Sitôt éveillée par le lever de soleil sonore du grand coup de trompe, elle se gonflait d'air, de lumière et de chaleur, et se mettait en action. Si elle ne parlait pas, elle n'était pas muette. Car son souffle n'arrêtait pas d'entrer et de sortir par les deux trous qui lui sont réservés et celui dont il partage l'usage avec le manger et le boire. Et selon la disposition des orifices, les accidents de leurs parcours, les contractions et articulations que les efforts et les obstacles divers déterminaient dans les tuyaux, selon aussi que les pompes thoraciques, plus ou moins chauffées par les chaudières de l'étage inférieur, soufflaient plus ou moins vite et fort, la Mère Mot soupirait, ahanait, haletait, sanglotait, riait, cascadait, ululait, hurlait, grondait, grognait, hoquetait, sifflait, grinçait, susurrait, bourdonnait, fredonnait, capucinait, mirlitonait, comme en témoigne la liste inexhaustible des sons respiratoires dressée plus tard par son fils même, au temps où il étudiait la phonétique.

Le Père Mot restait silencieux. Mais sans le coup de trompe quotidien, la Mère Mot ne se serait pas réveillée, ses poumons auraient cessé de souffler, le feu se serait éteint, le pain serait mort, et tout le pays aurait tourné en mince poussière, sans s'en apercevoir, entre les quatre vents du Pays de l'Immonde.

1938.

LA GUERRE SAINTE

Je vais faire un poème sur la guerre. Ce ne sera peut-être pas un vrai poème, mais ce sera sur une vraie guerre.

Ce ne sera pas un vrai poème, parce que le vrai poète, s'il était ici, et si le bruit se répandait parmi la foule qu'il allât parler —
alors un grand silence se ferait, un lourd silence d'abord se gonflerait, un silence gros de mille tonnerres.

Visible, nous le verrions, le poète; voyant, il nous verrait; et nous pâlirions dans nos pauvres ombres, nous lui en voudrions d'être si réel, nous les malingres, nous les gênés, nous les tout-chose.

Il serait ici, plein à craquer des mille tonnerres de la multitude des ennemis qu'il contient — car il les contient, et les contente quand il veut —
incandescent de douleur et de sacrée colère, et pourtant tranquille comme un artificier,

dans le grand silence il ouvrirait un petit robinet, le tout petit robinet du moulin à paroles,

et par là nous lâcherait un poème, un tel poème qu'on en deviendrait vert.

Ce que je vais faire ne sera pas un vrai poème poétique de poète, car si le mot « guerre » était dit dans un vrai poème —

alors la guerre, la vraie guerre dont parlerait le vrai poète, la guerre sans merci, la guerre sans compromis s'allumerait définitivement dans le dedans de nos cœurs.

Car dans un vrai poème les mots portent leurs choses.

Mais ce ne sera pas non plus discours philosophique. Car pour être philosophe, pour aimer la vérité plus que soi-même, il faut être mort à l'erreur, il faut avoir tué les traîtres complaisances du rêve et de l'illusion commode. Et cela, c'est le but et la fin de la guerre, et la guerre est à peine commencée, il y a encore des traîtres à démasquer.

Et ce ne sera pas non plus œuvre de science. Car pour être un savant, pour voir et aimer les choses telles qu'elles sont, il faut être soi-même, et aimer se voir, tel qu'on est. Il faut avoir brisé les miroirs menteurs, il faut avoir tué d'un regard impitoyable les fantômes insinuants. Et cela, c'est le but et la fin de la guerre, et la guerre est à peine commencée, il y a encore des masques à arracher.

Et ce ne sera pas non plus un chant enthousiaste. Car l'enthousiasme est stable quand le dieu s'est dressé, quand les ennemis ne sont plus que des forces sans formes, quand le tintamarre de guerre tinte à tout casser, et la guerre est à peine commencée, nous n'avons pas encore jeté au feu notre literie.

Ce ne sera pas non plus une invocation magique, car le magicien demande à son dieu : « Fais ce qui me plaît », et il refuse de faire la guerre à son pire ennemi, si l'ennemi lui plaît; et pourtant ce ne sera pas davantage une prière de croyant, car le croyant demande à son mieux : « Fais ce que tu veux », et pour cela il a dû mettre le fer et le feu dans les entrailles de son plus cher ennemi, — ce qui est le fait de la guerre, et la guerre est à peine commencée.

Ce sera un peu de tout cela, un peu d'espoir et d'effort vers tout cela, et ce sera aussi un peu un appel aux armes. Un appel que le jeu des échos pourra me renvoyer, et que peut-être d'autres entendront.

Vous devinez maintenant de quelle guerre je veux parler.

Des autres guerres — de celles que l'on subit — je ne parlerai pas. Si j'en parlais, ce serait de la littérature ordinaire, un substitut, un à-défaut, une excuse. Comme il m'est arrivé d'employer le mot « terrible » alors que je n'avais pas la chair de poule. Comme j'ai employé l'expression « crever de faim » alors que je n'en étais pas arrivé à voler aux étalages. Comme j'ai parlé de folie avant d'avoir tenté de regarder l'infini par le trou de la serrure. Comme j'ai parlé de mort, avant d'avoir senti ma langue prendre le goût de sel de l'irréparable. Comme certains parlent de pureté, qui se sont toujours considérés comme supérieurs au porc domestique. Comme certains parlent de liberté, qui adorent et repeignent leurs chaînes. Comme certains parlent d'amour, qui n'aiment que l'ombre d'eux-mêmes. Ou de sacrifice, qui ne se couperaient pour rien le plus petit doigt. Ou de connaissance, qui se déguisent à leurs propres yeux. Comme c'est notre grande maladie de parler pour ne rien voir.

Ce serait un substitut impuissant, comme des vieillards et des malades parlent volontiers des coups que donnent ou reçoivent les jeunes gens bien portants.

Ai-je donc le droit de parler de cette autre guerre — celle que l'on ne subit pas seulement — alors qu'elle n'est peut-être pas irrémédiablement allumée en moi ? Alors que j'en suis encore aux escarmouches ? Certes, j'en ai rarement le droit. Mais « rarement le droit », cela veut dire aussi « quelquefois le devoir » — et surtout « le besoin », car je n'aurai jamais trop d'alliés.

J'essaierai donc de parler de la guerre sainte.

Puisse-t-elle éclater d'une façon irréparable ! Elle s'allume bien, de temps en temps, ce n'est jamais pour très longtemps. Au premier semblant de victoire, je m'admire triompher, et je fais le généreux, et je pactise avec l'ennemi. Il y a des traîtres dans la maison, mais ils ont des mines d'amis, ce serait si déplaisant de les démasquer! Ils ont leur place au coin du feu, leurs fauteuils et leurs pantoufles, et ils viennent quand je somnole, en m'offrant un compliment, une histoire palpitante ou drôle, des fleurs et des friandises, et parfois un beau chapeau à plumes. Ils parlent à la première personne, c'est ma voix que je crois entendre, c'est ma voix que je crois émettre : « je suis..., je sais..., je veux... » — Mensonges! Mensonges greffés sur ma chair, abcès qui me crient : « Ne nous crève pas, nous sommes du même sang! », pustules qui pleurnichent : « Nous sommes ton seul bien, ton seul ornement, continue donc à nous nourrir, il ne t'en coûte pas tellement! »

Et ils sont nombreux, et ils sont charmants, ils sont pitoyables, ils sont arrogants, ils font du chantage, ils se coalisent... mais ces barbares ne respectent rien — rien de vrai, je veux dire, car devant tout le reste, ils sont tire-bouchonnés de respect. C'est grâce à eux que je fais figure, ce sont eux qui occupent la place et tiennent les clefs de l'armoire aux masques. Ils me disent : « Nous t'habillons; sans nous, comment te présenterais-tu dans le beau monde? » — Oh! plutôt aller nu comme une larve!

Pour combattre ces armées, je n'ai qu'une toute petite épée, à peine visible à l'œil nu, coupante comme un rasoir, c'est vrai, et très meurtrière. Mais si petite vraiment, que je la perds à chaque instant. Je ne sais jamais où je l'ai fourrée. Et quand je l'ai retrouvée, alors je la trouve lourde à porter, et difficile à manier, ma meurtrière petite épée.

Moi, je sais dire à peine quelques mots, et encore ce sont plutôt des vagissements, tandis qu'eux, ils savent même écrire. Il y en a toujours un dans ma bouche, qui guette mes paroles quand je voudrais parler. Il les écoute, garde tout pour lui, et parle à ma place, avec les mêmes mots — mais son immonde accent. Et c'est grâce à lui qu'on me considère, et qu'on me trouve intelligent. (Mais ceux qui savent ne s'y trompent pas : puissé-je entendre ceux qui savent!)

Ces fantômes me volent tout. Après cela, ils ont beau jeu de m'apitoyer : « Nous te protégeons, nous t'exprimons, nous te faisons valoir. Et tu veux nous assassiner! Mais c'est toi-même que tu déchires, quand tu nous rabroues, quand tu nous tapes méchamment sur notre sensible nez, à nous tes bons amis. »

Et la sale pitié, avec ses tiédeurs, vient m'affaiblir. Contre vous, fantômes, toute la lumière! Que j'allume la lampe, et vous vous tairez. Que j'ouvre un œil, et vous disparaîtrez. Car vous êtes du vide sculpté, du néant grimé. Contre vous, la guerre à outrance. Nulle pitié, nulle tolérance. Un seul droit : le droit du plus être.

Mais maintenant, c'est une autre chanson. Ils se sentent repérés. Alors, ils font les conciliants. « En effet, c'est toi le maître. Mais qu'est-ce qu'un maître sans serviteurs ? Garde-nous à nos modestes places, nous promettons de t'aider. Tiens, par exemple : figure-toi que tu veuilles écrire un poème. Comment ferais-tu sans nous ? »

Oui, rebelles, un jour je vous remettrai à vos places. Je vous courberai sous mon joug, je vous nourrirai de foin, et vous étrillerai chaque matin. Mais tant que vous sucerez mon sang et volerez ma parole, oh ! plutôt jamais n'écrire de poèmes !

Voyez la jolie paix qu'on me propose. Fermer les yeux pour ne pas voir le crime. S'agiter du matin au soir pour ne pas voir la mort toujours béante. Se croire victorieux avant d'avoir lutté. Paix de mensonge ! S'accommoder de ses lâchetés, puisque tout le monde s'en accommode. Paix de vaincus ! Un peu de crasse, un peu d'ivrognerie, un peu de blasphème, sous des mots d'esprit, un peu de mascarade, dont on fait vertu, un peu de paresse et de rêverie, et même beaucoup si l'on est artiste, un peu de tout cela, avec, autour, toute une boutique de confiserie de belles paroles, voilà la paix qu'on nous propose. Paix de vendus ! Et pour sauvegarder cette paix honteuse, on ferait tout, on ferait la guerre à son semblable. Car il existe une vieille et sûre recette pour conserver toujours la paix en soi : c'est d'accuser toujours les autres. Paix de trahison !

Vous savez maintenant que je veux parler de la guerre sainte.

Celui qui a déclaré cette guerre en lui, il est en paix avec ses semblables, et, bien qu'il soit tout entier le champ de la plus violente bataille, au-dedans du dedans de lui-même règne une paix plus active que toutes les guerres. Et plus règne la paix au-dedans du dedans, dans le silence et la solitude centrale, plus fait rage la guerre contre le tumulte des mensonges et l'innombrable illusion.

Dans ce vaste silence bardé de cris de guerre, caché du dehors par le fuyant mirage du temps, l'éternel vainqueur entend les voix d'autres silences. Seul, ayant dissous l'illusion de n'être pas seul, seul, il n'est plus seul à être seul. Mais je suis séparé de lui par ces armées de fantômes que je dois anéantir. Puissé-je un jour m'installer dans cette citadelle! Sur les remparts, que je sois déchiré jusqu'à l'os, pour que le tumulte n'entre pas dans la chambre royale!

« Mais tuerai-je? » demande Ardjouna le guerrier. « Paierai-je le tribut à César? » demande un autre. — Tue, est-il répondu, si tu es un tueur. Tu n'as pas le choix. Mais si tes mains se rougissent du sang des ennemis, n'en laisse pas une goutte éclabousser la chambre royale, où attend le vainqueur immobile. — Paie, est-il répondu, mais ne laisse pas César jeter un seul coup d'œil sur le trésor royal.

Et moi qui n'ai pas d'autre arme, dans le monde de César, que la parole, moi qui n'ai d'autre monnaie, dans le monde de César, que des mots, parlerai-je?

Je parlerai pour m'appeler à la guerre sainte. Je parlerai pour dénoncer les traîtres que j'ai nourris. Je parlerai pour que mes paroles fassent honte à mes actions, jusqu'au jour où une paix cuirassée de tonnerre régnera dans la chambre de l'éternel vainqueur.

Et parce que j'ai employé le mot de guerre, et que ce mot de guerre n'est plus aujourd'hui un simple bruit que les gens instruits font avec leurs bouches, parce que c'est maintenant un mot sérieux et lourd de sens, on saura que je parle sérieusement et que ce ne sont pas de vains bruits que je fais avec ma bouche.

Printemps 1940.

MÉMORABLES

Souviens-toi : de ta mère et de ton père, et de ton premier mensonge, dont l'indiscrète odeur rampe dans ta mémoire.

Souviens-toi de ta première insulte à ceux qui te firent : la graine de l'orgueil était semée, la cassure luisait, rompant la nuit une.

Souviens-toi des soirs de terreur où la pensée du néant te griffait au ventre, et revenait toujours te le ronger, comme un vautour ; et souviens-toi des matins de soleil dans la chambre.

Souviens-toi de la nuit de délivrance, où, ton corps dénoué tombant comme une voile, tu respiras un peu de l'air incorruptible ; et souviens-toi des animaux gluants qui t'ont repris.

Souviens-toi des magies, des poisons et des rêves tenaces ; — tu voulais voir, tu bouchais tes deux yeux pour voir, sans savoir ouvrir l'autre.

Souviens-toi de tes complices et de vos tromperies, et de ce grand désir de sortir de la cage.

Souviens-toi du jour où tu crevas la toile et fus pris vivant, fixé sur place dans le vacarme de vacarmes des roues de roues tournant sans tourner, toi dedans, happé toujours par le même moment immobile, répété, répété, et le temps ne faisait qu'un tour, tout tournait en trois sens innombrables, le temps se bouclait à rebours, — et les yeux de chair ne voyaient qu'un rêve, il n'existait que le silence dévorant, les mots étaient des peaux séchées, et le bruit, le oui, le bruit, le non, le hurlement visible et noir de la machine te niait, — le cri silencieux « je suis » que l'os entend, dont la pierre meurt, dont croit mourir ce qui ne fut jamais, — et tu ne renaissais à chaque instant que pour être nié par le grand cercle sans bornes, tout pur, tout centre, pur sauf toi.

Et souviens-toi des jours qui suivirent, quand tu marchais comme un cadavre ensorcelé, avec la certitude d'être mangé par l'infini, d'être annulé par le seul existant Absurde.

Et surtout souviens-toi du jour où tu voulus tout jeter, n'importe comment, — mais un gardien veillait dans ta nuit, il veillait quand tu rêvais, il te fit toucher ta chair, il te fit souvenir des tiens, il te fit ramasser tes loques, — souviens-toi de ton gardien.

Souviens-toi du beau mirage des concepts, et des mots émouvants, palais de miroirs bâti dans une cave; et souviens-toi de l'homme qui vint, qui cassa tout, qui te prit de sa rude main, te tira de tes rêves, et te fit asseoir dans les épines du plein jour; et souviens-toi que tu ne sais te souvenir.

Souviens-toi que tout se paie, souviens-toi de ton bonheur, mais quand fut écrasé ton cœur, il était trop tard pour payer d'avance.

Souviens-toi de l'ami qui tendait sa raison pour recueillir tes larmes, jaillies de la source gelée que violait le soleil du printemps.

Souviens-toi que l'amour triompha quand elle et toi vous sûtes vous soumettre à son feu jaloux, priant de mourir dans la même flamme.

Mais souviens-toi qu'amour n'est de personne, qu'en ton cœur de chair n'est personne, que le soleil n'est à personne, rougis en regardant le bourbier de ton cœur.

Souviens-toi des matins où la grâce était comme un bâton brandi, qui te menait, soumis, par tes journées, — heureux le bétail sous le joug!

Et souviens-toi que ta pauvre mémoire entre ses doigts gourds laissa filer le poisson d'or.

Souviens-toi de ceux qui te disent : souviens-toi, — souviens-toi de la voix qui te disait : ne tombe pas, — et souviens-toi du plaisir douteux de la chute.

Souviens-toi, pauvre mémoire mienne, des deux faces de la médaille, — et de son métal unique.

1942.

LES QUATRE TEMPS CARDINAUX

La poule noire de la nuit
vient encore de pondre une aurore.
Salut le blanc, salut le jaune,
salut, germe qu'on ne voit pas.

Seigneur Midi, roi d'un instant
au haut du jour frappe le gong.
Salut à l'œil, salut aux dents,
salut au masque dévorant, toujours!

Sur les coussins de l'horizon,
le fruit rouge du souvenir.
Salut, soleil qui sais mourir,
salut, brûleur de nos souillures.

Mais en silence je salue la grande Minuit,
Celle qui veille quand les trois s'agitent.
Fermant les yeux je la vois sans rien voir par delà les
    ténèbres.
Fermant l'oreille j'entends son pas qui ne s'éloigne pas.

1943.

TRADUCTIONS DU SANSKRIT

AU LIQUIDE

Comme une flèche, sur l'arc est placée la pensée,
Comme un veau délivré court au pis de sa mère ;
En large flot elle trait vers la pointe son cours ;
Vers ses propres vœux le Liquide est lancé.

La pensée est lâchée, il est versé, le vin,
La force du breuvage s'active dans la bouche,
La clarté retentit comme un bruit de tueurs,
Une goutte de vin coule autour de l'outre.

Autour de la peau de brebis le chercheur d'épouse s'éclaire,
La fille de l'Inentravée se dénoue pour qui va le chemin.
L'éclatant d'or a retenti, libateur et breuvage confluant,
Aiguisant les forces mâles tel un buffle, il s'illumine.

Le taureau mugit, à son appel viennent les bêtes laitières,
Vers l'attente parée du dieu les déesses s'approchent.
A travers la blanche peau de brebis, il a passé,
Le Liquide ; il s'est vêtu, comme d'étoffe, de ce qu'il lave.

D'un vêtement qui ne s'use et qui brille, l'éclatant d'or,
L'immortel, en émergeant, s'est revêtu ;
Il a fait par force expansive le sommet du ciel pour l'émersion,
Et pour les deux Coupes un tapis de nuées.

Les rayons, comme de Soleil, ardents à courir,
Enivrants, ont mis en marche l'escorte des endormis
Et le tissu étendu tout autour — émissions rapides !
— Sans le Brûlant nul édifice ne s'éclaire —

Comme dans le flot descendant d'un fleuve, rapides,
Les liqueurs jaillies du taureau ont trouvé une voie —
Joie dans notre demeure pour le Deux-Pieds et pour le
    Quatre-Pieds !
Pour nous que se dressent, ô Liquide, les nourritures et les
    moissons !

Viens éclairer pour nous les richesses et les réserves d'or,
De chevaux, de vaches et de blé, et la force éclatante.
Vous — ô toi, liquide ! — vous, mes pères, debout !
Têtes du ciel, debout ! faiseurs des nourritures !

Ces liquides, en s'éclairant, vers le Brûlant
Comme des chars à la conquête sont allés.
Versés, ils passent par le filtre éclairant de brebis ;
Rejetant l'enveloppe, les coursiers d'or vont à la pluie.

Goutte brillante ! pour le Brûlant puissant éclaire-toi,
Donneur de joie ! sans nulle non-parole, déchireur !
Apporte au chanteur des biens resplendissants ;
Que le Ciel et la Terre nous rassasient de dieux !

(Rig-Veda IX, 69, 1-10.)

LA CONNAISSANCE DE SOI

En d'aveugles ténèbres entrent
ceux qui se vouent au non-savoir ;
en des ténèbres encore plus noires
ceux qui du savoir se contentent.

« Sans joie » est le nom de ces mondes
enveloppés d'aveugles ténèbres ;
c'est vers eux qu'au départ s'en vont
les gens sans savoir ni raison.

S'il se connaissait soi-même, l'homme,
s'il pouvait dire : ceci est moi,
pour quel but, par désir de quoi
se mettrait-il en fièvre de son corps ?

Celui qui s'est trouvé, dont s'est réveillé l'être
enfoui dans les profondeurs de cette carcasse,
celui-là, il est tout actif, celui-là est l'auteur de tout,
à lui le monde — il est lui-même monde.

Ici-bas même, nous devons connaître cela ;
sinon, c'est l'ignorance, la grande perdition.
Ceux qui connaissent cela deviennent immortels,
les autres s'enfoncent seulement dans le malheur.

Une fois qu'on l'a reconnu,
ce soi, ce dieu, tout à coup,
ce maître du passé et du futur,
on ne s'en détourne plus.

Cela d'où l'année se déroule
en rondes de jours,
les dieux le confessent lumière des lumières
et vie immortelle.

Cela, fondement des Cinq et cinq règnes,
et sur quoi l'espace repose,
c'est cela que je pense comme le Soi,
pour moi qui sais, Parole sacrée, — pour moi sans mort,
    chose immortelle.

Souffle du souffle, et vue de la vue,
et ouïe de l'ouïe,
pensée de la pensée — ceux qui le connaissent
ont discerné la Parole antique, originelle.

Par la pensée il faut le percevoir.
Rien ici-bas n'existe séparément.
De mort en mort celui-là va
qui voit les choses comme séparées.

En unité il faut le percevoir,
cela l'immense, cela le stable,
hors de trouble, passant l'espace,
le Soi sans naissance, le grand, le stable.

Quand le sage l'a reconnu,
qu'il accomplisse son savoir, lui brâhmane.
Qu'il n'égare sa pensée en mots nombreux :
c'est affaiblissement de parole.

(Brihadâranyaka-upanishad IV, 4, 10-21.)

L'ÊTRE ACTIF SUPRÊME

Le Bienheureux dit :

Racines-en-haut et branches-en-bas,
impérissable on dit l'[arbre] Açvattha —
Les Mètres [sacrés] sont ses feuilles,
et qui le connaît connaît le Savoir [1].

En-bas, en-haut-aussi, se développent ses branches,
nourries-des-[Trois]-Modes [2] *bourgeonnantes-des-choses* [3],
et-vers-le-bas ses racines vont-s'étendant,
liens-de-l'action dans-le-monde-des-humains.

Ainsi sa forme, on ne la peut ici saisir,
sa fin non plus, son commencement ni sa base-
de-l'Açvattha-la-racine est-forte-racine,
détachement est la solide épée qui l'a tranchée.

1. Le *Veda.*
2. Les trois modes d'être *(guna)* de toute existence : lumineux, *passionné, inerte.*
3. Ses bourgeons sont les objets des sens.

De cet endroit il faut donc chercher-la-piste,
où parvenu, l'on ne s'en retourne plus.
C'est vers cet Homme primordial que je marche,
de qui découle le cours de l'antique coulée.

Sortis-d'orgueil-et-de-confusion, du-mal-d'attachement-
     vainqueurs,
toujours-à-Soi-présents, ayant-détourné-les-désirs,
libérés des contraires qu'on-nomme-plaisir-et-peine,
ils vont, les sans-illusion, à ce séjour impérissable.

Le Soleil ne l'éclaire pas,
ni l'astre-tacheté, ni le feu [d'ici-bas].
Là venu, l'on n'en revient plus,
C'est là ma demeure la-plus-haute.

De Moi une parcelle, dans-le-monde-de-la-vie,
devenue-vie, perpétuelle,
agglomère les sens — dont l'esprit est sixième —
en les tirant de la Substance-naturelle.

Que d'un corps il s'empare
ou qu'il le quitte, le Seigneur
prend ces [sens] et il les rassemble
comme l'air prend les parfums de leurs réceptacles.

Dans l'ouïe, la vue, le toucher,
dans le goût et dans l'odorat
s'installant, aussi dans l'esprit,
alors des choses il jouit.

Qu'il s'en aille ou qu'il demeure,
ou qu'il goûte selon les [Trois] Modes,
les confus ne le voient point,
Le voient ceux qui ont l'œil-de-connaissance.

Les ascètes qui s'efforcent
le voient en Eux-mêmes fixé ;
même s'efforçant, ceux-qui-ne-se-sont-faits-Eux-mêmes
les inconscients, ne le voient point.

Cette éclatante-ardeur qui du Soleil
illumine ce monde tout entier
et qui brille dans la Lune et dans le feu,
sache que cette ardeur est Mienne.

Dans la Terre ayant pénétré, Je soutiens
les créatures par mon énergie ;
et Je nourris toutes les plantes,
devenu sève savoureuse.

Moi, devenu le [Feu]-de-tous-les-hommes,
entré dans le corps des êtres-respirants,
Me joignant à l'inspir et à l'expir,
Je cuis la quadruple nourriture.

Dans le cœur de chacun, Moi Je suis installé,
par Moi mémoire et connaissance viennent ou s'en vont.
A travers tous Savoirs c'est Moi seul qui suis à savoir,
Je suis l'auteur de la Fin-du-Savoir, Je suis celui-qui-
    sait-le-Savoir.

Deux Êtres-actifs sont dans le monde,
l'un dissoluble et l'autre indissoluble.
Le dissoluble est toutes créatures,
« Debout au faîte » est appelé l'indissoluble.

Mais il est un autre Être-actif, supérieur,
« le Suprême-Soi » on le nomme,
c'est lui qui, pénétrant le Triple-monde,
le supporte, lui l'impérissable Seigneur.

Et parce que Moi Je dépasse le dissoluble
et suis plus haut même que l'indissoluble,
pour cela Je suis, dans le monde et dans le Savoir,
proclamé l'Être-actif-suprême.

Celui qui, sans trouble en lui-même,
Me connaît tel, Moi l'Être-actif-suprême,
celui-là, sachant tout, Me recherche d'amour
de tout son être, Bhârata !

Telle est la science la plus cachée,
que Je t'ai dite, à toi qui es sans-faute ;
qui l'a comprise a la compréhension
et a fait ce qu'il devait faire, Bhârata !

Tel est, dans les Chants du Bienheureux Seigneur,
dans ces Upanishad, cette science du Sacré, ce traité
du Yoga, dans le dialogue entre le Glorieux Krishna
et Arjuna, la Quinzième Lecture, nommée :
    « le Yoga de l'Être Actif Suprême »

(Bhagavad-gîtâ, XV.)

QUELQUES TEXTES SANSKRITS
SUR LA POÉSIE

I. UTILITÉ DE LA POÉSIE

(*Sâhitya-darpana*, Ire Section, intitulée « Nature essentielle de la poésie », début :)

Om! Salut à Ganeça! — Au commencement de son livre, l'auteur, pour écarter les obstacles à la complète réussite de la tâche qu'il désire mener à bien, se tourne vers la suprême autorité en matière de langage — la divinité du langage :

1. *Brillante de beauté comme lune d'automne,*
   qu'en mon esprit la déesse des paroles,
   écartant le rideau de ténèbres,
   illumine le sens de toutes choses.

Ce livre étant au service de la poésie, ses fruits seront les fruits mêmes de la poésie. Et l'on va dire quels sont les fruits de la poésie :

2. *Les fruits de la quadruple activité (humaine) sont,*
   grâce à la poésie, aisément saisis même par les gens

*de peu d'intelligence ; c'est pourquoi la nature essen-
tielle (de la poésie) est définie ici.*

La « quadruple activité » désigne les « quatre sortes de
mobiles » de la conduite humaine : recherche du juste et du
vrai *(dharma)*, recherche du plaisir et des satisfactions du
sentiment *(kâma)*, recherche de l'utilité et des biens matériels
(artha), et enfin recherche de la délivrance *(moksha)*. On
parle aussi des « trois sortes de mobiles », mettant à part le
quatrième, qui est d'un ordre supérieur, « supra-mondain »,
les trois premiers étant d'ordre naturel.

Les « gens de peu d'intelligence », c'est vous et moi, ne
l'oublions pas, les gens doués de la simple intelligence natu-
relle, qui n'ont pas encore acquis, par un travail spécial, des
facultés supérieures de compréhension.

« Saisis » doit être pris et dans le sens de « cueillis »
et dans le sens de « compris », d'après la doctrine de l'au-
teur.

Que les fruits de la quadruple activité soient saisis grâce
à la poésie, par le fait qu'elle nous engage à nous conduire
comme Râma et ses pareils et à ne pas nous conduire
comme Râvana et ses pareils, et, plus généralement,
qu'elle nous enseigne à faire ceci et à ne pas faire cela,
à suivre tel exemple et à nous détourner de tel autre, —
la chose est bien connue.

L'auteur semble d'abord donner de ses propres paroles
une interprétation vulgaire et un peu simpliste. Mais on
verra par la suite qu'il est bien loin d'assigner à la poésie
un rôle didactique. A propos du théâtre, il montre que si
cet art — qui est la « poésie audible » — nous édifie et nous
ordonne en vue du bien, c'est grâce à un « acte de communion »
qui réunit dans un même moment d'émotion impersonnelle,
un moment de « Saveur », le héros représenté, l'acteur et
l'auditeur. La poésie n'enseigne pas à la manière d'un pro-
fesseur, mais en changeant l'état intérieur.

[...] La poésie fait obtenir le juste, par exemple lorsqu'elle nous fait rendre louanges aux pieds de lotus du Seigneur (de Nârâyana, c'est-à-dire de Vishnu). « Un seul mot, bien employé et parfaitement compris, c'est, au ciel et en ce monde, la Vache-à-combler-tous-désirs »; de telles paroles, tirées du Savoir *(veda)*, rendent la chose très connue. Qu'elle fasse obtenir les biens matériels, cela tombe sous les sens. Le plaisir aussi, par l'intermédiaire des biens matériels. Et la délivrance, [elle nous aide à l'obtenir en nous engageant à ne pas considérer pour eux-mêmes les fruits des trois premières sortes de mobiles].

Ici encore, on commence par une interprétation d'aspect simpliste : le poète exerce son métier pour son profit matériel et sentimental. Mais c'est le même poète qui, pour bien remplir son métier de poète, doit ne jamais oublier ces quatre buts, dont le dernier — la délivrance de la chaîne des désirs et des actions — domine les autres en les reniant. S'il ne poursuivait qu'un de ces quatre buts, le poète serait un professeur de morale, un amuseur public, un amoureux ou un ascète. Mais nous voyons un des plus grands poètes de l'Inde, Bhartrihari, chanter et vivre, au long d'une même œuvre et d'une même vie, les plaisirs matériels, l'amour profane et la dévotion ascétique.

J'avoue que la manière dont la poésie fait obtenir les biens du cœur *(kâma,* que l'auteur, ici, semble comprendre comme « plaisir » en général) est expliquée d'une façon peu satisfaisante. L'auteur doit être pressé de passer à des questions plus importantes.

Les lois de la quadruple activité, enseignées par les livres du Savoir, du fait de l'absence de saveur sont difficiles à saisir même par ceux dont l'intelligence est pleinement mûrie. Par le lait de suprême félicité qu'elle produit, la poésie les rend faciles à saisir même par ceux dont l'intelligence est en tendre enfance. — Mais, dira-t-on, pour les intelligences mûres, puisque les livres du Savoir existent, à quoi bon s'exercer à la poésie? — Cela n'est pas à dire. Si une maladie, guérissable par des herbes amères, se trouve pouvoir être aussi bien guérie par le sucre candi, qui, atteint de cette maladie, ne préférerait le traitement au sucre candi?

L'excellence de la poésie est ainsi exprimée dans l'*Agni-purâna* :

« L'état d'homme est difficile à atteindre en ce monde, et le Savoir alors est très difficile à atteindre; l'état de poète alors est difficile à atteindre, et la puissance créatrice est alors très difficile à atteindre. »

« L'art dramatique est un moyen de réalisation des trois sortes (de désirs), est-il dit dans le *Vishnu-purâna ;* et : « Tous les poèmes récités, et tous les chants sans exception, ce sont des portions de Vishnu, du Grand-être, qui revêt une forme sonore. »

★

(*Nâtya-çâstra*, Ire Lecture, *Origine du Théâtre :*)

[Au commencement du *Kali-yuga*, l'âge d'obscurcissement où nous vivons, les dieux, inquiets de voir proliférer les castes inférieures auxquelles l'accès du Savoir sacré était interdit, et redoutant le désordre qui allait en résulter, allèrent trouver Brahmâ et lui demandèrent de « produire un nouveau *Veda*, accessible aux gens de toutes naissances ». Alors Brahmâ produisit l'Art dramatique, qui contient tous les arts. Il chargea le saint Bharata, avec ses cent fils, de monter la première représentation devant l'assemblée des *Devas* et des *Asuras* — que sans doute la vision des désordres humains avait enfin réconciliés. Mais le sujet choisi par Bharata était assez malencontreux, en apparence du moins. Il mit en effet sur scène

233

la grande bataille où les Devas défirent les Asuras. Ceux-ci, dans la salle de spectacle, se fâchèrent, jetèrent des sorts aux acteurs, et la bataille allait reprendre. Brahmâ intervint et tint aux Devas et Asuras assemblés le discours suivant (il s'adresse ici aux Asuras fils de Diti) :

Assez de vos ressentiments, fils de Diti, laissez votre mauvaise humeur !

En vous et en les dieux, c'est l'opposition du bien et du mal, c'est la loi qui lie les actions et les états, que représente ce Savoir du Théâtre par moi réalisé.

Ceci n'est pas une figuration de votre nature, ou de celle des dieux, exclusivement ; c'est une représentation de ce Triple monde tout entier.

Tantôt la loi, tantôt le jeu, tantôt le profit, tantôt l'apaisement, tantôt le rire, tantôt la guerre, tantôt le désir, tantôt le meurtre.

Loi pour ceux qui suivent la loi, désir pour ceux qui se vouent au désir, contrainte pour ceux qui ne savent se conduire, maîtrise de soi pour ceux qui savent se conduire.

Aux eunuques il donne l'audace, et l'énergie aux fanfarons, instruction des ignorants, et science pour les savants.

Passe-temps des grands seigneurs, réconfort de celui qu'a frappé le malheur, richesse pour ceux qui vivent de richesses, courage pour les esprits tremblants,

comprenant toute la diversité des états, et fait de toute la diversité des situations, j'ai fait ce Théâtre à l'analogie du mouvement du monde.

. . . .

Pas de connaissance, pas de métier, pas de science, pas d'art, pas d'action, pas d'ascèse, — qui ne soit visible dans ce Théâtre.

Vous n'avez donc pas lieu, ici, de vous fâcher contre

les Immortels. C'est à l'analogie des Sept continents que j'ai fait ce Théâtre.

Le Théâtre est fait, sachez-le, pour montrer, dans leur cycle complet, les actions des Devas et des Asuras, des rois et du peuple et des prêtres-voyants.

Toutes les natures individuelles du monde, avec leurs mélanges propres de bonheur et de malheur, avec leurs gestes particuliers et autres moyens d'expression, — c'est cela qu'on appelle Théâtre.

Au Savoir sacré, à la science et aux mythes, il fournira un lieu d'audience, et au peuple un divertissement : tel sera ce Théâtre.

II. ESSENCE DE LA POÉSIE

(*Sâhitya-darpana*, Iʳᵉ Section, suite :)

Quelle est donc la nature essentielle de la poésie ? A cette question, quelqu'un a répondu : « C'est le son et le sens unis, sans fautes, doués de vertus, avec ou même parfois sans ornements. »

Cette définition est de Mammata. L'union du son (ou du vocable) et du sens est ce qu'on appelle le mot *(pada)*. Les « vertus » *(guna)* seront définies plus loin ; disons, très provisoirement, que ce sont les différents tons que peut prendre l'expression poétique. L'auteur discute point par point la définition proposée :

Cela demande réflexion. Si l'absence de fautes est nécessaire pour qu'il y ait poésie, alors il faudrait refuser cette qualité à [telle stance (de Bhâvabhûti), entachée d'une faute cataloguée mais qui pourtant], du fait de sa puissance de « résonance », appartient à la plus haute espèce de poésie (d'après la doctrine même de l'auteur critiqué).

Le terme de « résonance » (*dhvani*) doit être défini. Les mots ont trois « pouvoirs » de signification : sens littéral, sens dérivé ou figuré, et sens suggéré. Les deux premiers suffisent au langage ordinaire et aux discours didactiques. Mais c'est par une « suggestion », irréductible aux deux premiers « pouvoirs », que le sens du poème est transmis ; et c'est cette « suggestion » qu'on appelle aussi « résonance », ou encore « sens surabondant ».

On pourrait nous répliquer que c'est une partie seulement du poème qui est entachée d'une faute [...], ou encore que « sans fautes » signifie ici « avec très peu de fautes »; [ces objections assez futiles sont aisément réfutées : il faut bien que telle composition, prise dans son ensemble, soit poésie ou non-poésie. En outre, il y a des fautes absolues, qui détruisent toujours la qualité de poésie, et des fautes non absolues — telles que cacophonie, etc... — qui, lorsqu'elles ne portent pas atteinte à la « saveur » qui est l'essence du poème, ne sont plus des fautes (et peuvent même devenir des ornements)... Enfin, la présence ou l'absence de fautes ne peut définir la poésie], de même que, pour définir une perle, on ne fera pas intervenir les défauts tels qu'une perforation de ver qu'elle peut présenter; ce sont là des accidents qui ne peuvent enlever à la perle sa perléité [...].

Il est également impropre d'introduire les « vertus » comme différence spécifique dans la définition. Car les « vertus » sont exclusivement des fonctions de la Saveur [...], comme l'héroïsme et autres vertus sont à l'âme.

On trouvera plus loin la définition de la « saveur », gustation consciente d'un sentiment objectif, qui est l'essence de la poésie.

[Il faut donc définir la poésie par la « Saveur », et non par les « vertus », qui en sont des propriétés. D'ailleurs,] la présence de sons et de sens qui manifestent les « vertus » en poésie n'est qu'une condition de son rehaussement; elle n'est pas un facteur de sa nature essentielle. Et il est dit : « De la poésie sons et sens sont le corps, la Saveur en est l'âme, les Vertus sont pareilles à l'héroïsme et autres (qualités de l'âme), les Fautes sont comme le fait d'être borgne, les Allures comme les différentes attitudes du corps, les Ornements comme les bracelets et boucles d'oreilles. »

On appelle « allures » (*rîti*, « manière de couler ») les types d'ordonnance stylistique qui constituent le rythme intérieur de l'expression poétique. « Styles », si l'on veut : mais le poète doit être capable de les manier tous. Les « ornements » correspondent à peu près à nos « figures de rhétorique ».

[Toutes les définitions de ce genre sont à rejeter pour la même raison : elles ne font qu'énumérer des accessoires, plus ou moins indispensables, de la poésie.] Et quant à ce que dit l'auteur du *Dhvani*, que « l'essence de la poésie est la Résonance », s'agit-il de cette « résonance » (au sens large du terme) qui est de trois espèces selon qu'elle suggère un fait matériel, un ornement ou une saveur, ou bien de celle seulement qui évoque la Saveur? Dans le premier cas, non! Car il faudrait alors inclure sous la définition les énigmes, etc... Dans le second cas, alors nous disons : amen! [...] Autrement, la phrase « Théodore va au village » serait poétique, parce qu'elle comporte la suggestion du serviteur et des gens qui accompagnent (ce monsieur). Si l'on soutient que « oui, c'est de la poésie », alors non! Car la qualité de poésie ne peut être attribuée qu'à ce qui a saveur [...].

Aussi est-il dit dans l'*Agni-purâna* : « Si grande que soit l'habileté en langage, c'est la saveur seule qui peut lui donner la vie. » [...] Et l'auteur du *Dhvani* dit encore : « Ce n'est pas en racontant simplement que "telle chose est arrivée" que le poète est poète, car les légendes et les contes font cela très bien. » [...] Si l'on tient à conserver le titre de poésie à des compositions sans saveur, du fait de la présence en elles de phonèmes manifestant des « vertus », de l'absence de fautes et de la présence d'orne-ments, il faut alors faire de cela une sorte inférieure de poésie [...].

Et quand Vâmana dit : « l'Allure est l'essence de la poésie », nous disons : non! Car l'allure *(rîti)* est une ordonnance stylistique particulière, c'est-à-dire (dans l'analogie corporelle décrite plus haut) quelque chose de comparable aux attitudes corporelles; et cela est tout à fait tranché de l' « essence »!

L'auteur du *Dhvani*, enfin, dit : « Un sens approuvé par ceux qui ont un cœur est ce qui constitue l'essence de la poésie, et ses deux divisions sont dites : de sens littéral et de sens suggéré. » Cette définition est en contradiction avec les propres paroles de l'auteur, que la « Résonance (ou suggestion) est l'essence de la poésie »; elle est donc à rejeter.

Qu'est-ce donc, en fin de compte, que la poésie?

3. *La poésie est une parole dont l'essence est saveur.*

Nous expliquerons ce qu'est la Saveur. La Saveur est « l'essence », au sens de la réalité substantielle, c'est-à-dire la vie même de la poésie; sans elle, il n'y a pas de poésie. « Saveur » *(rasa)*, c'est, étymologiquement, ce qui « est savouré » *(rasyate)*. Le terme inclut aussi les Saveurs-sentiments et les Saveurs-reflets [qu'on définira plus loin; ici des exemples sont donnés].

4. *Les fautes sont ce qui la rabaisse.*

Les fautes telles que cacophonie, mot superflu, etc., sont analogues aux infirmités telles que d'être borgne ou boiteux, qui affectent (la personne) par l'intermédiaire du corps : elles affectent (le poème) par l'intermédiaire des sons et des sens. Les fautes telles que nommer par son nom technique une manifestation d'un sentiment [au lieu de la suggérer par la puissance de « résonance » — c'est-à-dire le prosaïsme —] sont pareilles à la sottise, par exemple, qui affecte directement (la personne) : elles rabaissent la saveur qui est l'essence de la poésie [...].

5. *Sont appelés « facteurs de son rehaussement » les Vertus, les Ornements et les Allures.*

[L'analogie corporelle décrite plus haut montre comment ces facteurs « rehaussent » la saveur, donc la poésie.]

III. LA SAVEUR

(*Nâtya-çâstra*, VIe Lecture, 32-33 :)

De même que les gourmets, lorsqu'ils mangent, goûtent la nourriture, mélangée de condiments et d'ingrédients divers, ainsi les sages goûtent en esprit les sentiments principaux, joints à leurs manifestations et aux divers modes d'expression, et c'est pourquoi (ces sentiments, en tant que goûtés) sont appelés les « saveurs » de l'art dramatique.

Ainsi, une « saveur » est un sentiment manifesté par les moyens de l'art et consciemment perçu. En tant que moment de conscience, la Saveur est une, indivisible. En tant qu'on la rapporte aux sentiments qui en sont l'occasion, elle présente autant d'aspects qu'il y a de sentiments principaux — 8 ou 10 selon les auteurs. On distingue ainsi : l'Érotique , le Comique, le Pathétique, le Furieux, l'Héroïque, le Terrifique, le Répugnant, le Merveilleux; plus, selon certains, le Parental (amour paternel ou maternel) et le Quiétique (amour religieux).

D'après l'*Agni-purâna*, la Saveur procède du troisième terme de la Trinité sous son aspect métaphysique « Être-Connaissance-Béatitude », par l'intermédiaire du sentiment de soi et du plaisir en général. Le même ouvrage, comme le *Nâtya-çâstra*, admet 4 Saveurs fondamentales : Érotique, Furieuse, Héroïque, Répugnante, dont les quatre autres dériveraient comme leurs antithèses ou leurs aspects passifs. Mais une place prépondérante est attribuée à l'Érotique qui (comprenant toutes les modalités du sentiment amoureux) devient la saveur fondamentale chez Bhojarâja.

(*Rasatanginî*, VI — Ce texte est un démarquage du *Daça-rûpa*, mais je l'utilise, n'ayant pas ce dernier ouvrage sous la main — :)

Un sentiment fondamental, transmis par la représentation de ses circonstances déterminantes, effets extérieurs, manifestations corporelles et accompagnements accessoires, et savouré dans son plein développement, est une *saveur*. Lorsque [cette représentation] provoque un arrêt (un repos) de l'esprit, c'est en cela qu'est la saveur. Ou encore : le réveil dans la conscience d'un sentiment fondamental qui se trouvait conservé comme impression latente, — c'est une saveur. Ce qui provoque cette réminiscence, ce sont les circonstances déterminantes [etc.] représentées de ce sentiment. [L'impression latente peut d'ailleurs (conformément à la croyance hindoue générale), avoir été reçue dans « une autre existence ».]

La saveur est de deux espèces : mondaine et non-mondaine (naturelle et surnaturelle). La première naît du contact avec les choses de ce monde. La seconde naît du contact avec les choses non mondaines [...] et elle est *connaissance* [connaissance qui a le caractère d'une *réminiscence*].

[La saveur se manifeste dans trois domaines : dans les songes, dans les jeux de l'imagination (ou fantaisie) et dans l'art. C'est de la saveur dans l'art que nous nous occuperons, mais il faut reconnaître l'existence des deux autres ; par exemple, la stance suivante de Bhartrihari affirme l'existence d'une saveur d'imagination :]

« *Heureux ceux qui habitent les grottes des montagnes, sur la lumière suprême méditant,* —

aux eaux de leur félicité s'abreuvent les oiseaux, sans crainte en leurs girons blottis;

mais nous, qui composons par fantaisie palais, étangs et rives;

parcs, jeux et badinages, curieux amusements, et nous y complaisons, — notre vie s'en va en pure perte. »

★

(*Sâhitya-darpana*, IIIe Section, 33 sqq. :)

Un sentiment principal — tel que l'amour, etc... — suscité par la représentation de ses circonstances déterminantes, effets extérieurs et accompagnements accessoires, arrive à la nature de *saveur* pour ceux qui ont une conscience.

La Saveur va être décrite ici en elle-même, dans son aspect indivisible de moment de conscience provoqué à l'occasion d'une émotion :

Surgie du principe essentiel (du *sattva*, principe pur et lumineux, opposé à *tamas*, principe obscur et d'inertie, et *rajas*, principe intermédiaire et de passion), sans parties, brillant de sa propre évidence, faite de joie et connaissance (unies), libre de tout contact d'autre perception, sœur jumelle de la gustation du divin, vivante du souffle de l'Admiration surnaturelle, — telle est la Saveur que quelques-uns, ceux qui ont un jugement intérieur, goûtent comme la propre forme de soi, inséparablement.
Elle est connaissance, « brillant par elle-même » [...] Elle est joie, même dans la représentation d'objets douloureux, même si elle fait verser des larmes [...], car elle

est une recréation surnaturelle des états représentés. [... Elle est simple, comme la saveur d'un plat complexe. Elle suppose la réminiscence d'impressions latentes *(vâsanâ)*. Elle exige un acte de « communion » entre l'acteur (ou le poète), le héros représenté et l'auditeur. Elle n'a pas d'existence antérieure à sa perception, comme une cruche qu'on vient à éclairer avec une lampe. Elle n'est pas un produit de la combinaison d'éléments préexistants. Elle n'est ni passée, ni présente, ni future.] Elle est donc bien surnaturelle (non mondaine); ... on ne la connaît qu'en la mangeant.

[L'« admiration surnaturelle », étonnement et expansion de l'esprit causés par un contact avec une réalité supérieure à ce monde, est le fondement de toutes les saveurs, et se retrouve donc dans toute poésie véritable.]

[On appelle aussi « saveurs », par extension : 1) les « saveurs-sentiments »; par exemple, un sentiment comme l'amour, éprouvé par un être humain pour un être supérieur à l'humanité ordinaire; nous ne pouvons en avoir une « gustation » parfaite, mais seulement un sentiment; 2) les « saveurs-reflets » (semblants de saveur); par exemple, la passion amoureuse non réciproque, ou chez un personnage vil, ou chez un ascète : elle ne peut atteindre son plein développement; 3) les « sentiments-reflets » (semblants de sentiments), combinaison des deux précédents; par exemple, la pudeur chez une prostituée, etc.; 4) parfois aussi, un sentiment décrit comme s'éteignant, ou s'éveillant, ou mêlé à d'autres, etc.]

LA VIE ET L'ŒUVRE DE RENÉ DAUMAL

1908. Naissance de René Daumal le 16 mars à Boulzicourt, dans les Ardennes.

1922-1924. Études secondaires à Reims. Il fait partie, avec ses condisciples Robert Meyrat, Roger Gilbert-Lecomte, Roger Vailland, d'une sorte de communauté « initiatique » qu'ils appellent « les Simplistes ». Expérience de « l'au-delà » (tétrachlorure de carbone, éther, opium).

1925-1927. Pensionnaire à Paris au lycée Henri IV. Préparation du concours d'entrée à l'École Normale, puis étudiant libre. Il écrit de nombreux poèmes, un récit visionnaire, *Le vieux Mugle*, et rédige une importante étude, *La révolte et l'ironie* (restée inachevée).

1928-1930. Il crée avec Roger Gilbert-Lecomte la revue *Le Grand Jeu*, dans laquelle il publie ses premiers poèmes et *Liberté sans espoir* (Nº I), *Mise au point ou Casse-Dogme* (Nº II), *Nerval le Nyctalope* (Nº III), ainsi qu'une *Lettre ouverte à André Breton* qui répond à l'attaque des Surréalistes contre *Le Grand Jeu*.

1930-1931. Il se consacre à l'étude du sanskrit. Un choix de poèmes du *Contre-Ciel*, qu'il vient d'achever, paraît dans la revue *Commerce*. Il rencontre Alexandre de Salzmann qui, comme il l'écrira plus tard, lui « rend l'espoir et une raison de vivre ». Crise du *Grand Jeu*, le quatrième numéro ne paraîtra pas. Daumal passe sa licence de philosophie.

1932-1933. Attaché de presse de la compagnie du danseur hindou Uday Shankar, de fin novembre à début mars

il fait un voyage aux États-Unis où il retrouve Vera Mila-
nova qui deviendra sa femme. Il commence à écrire
le récit *La Grande Beuverie* dont le premier état reflète
la crise du *Grand Jeu* et son expérience américaine.

1933. Service militaire : affecté en avril à Nancy, il est
réformé en juillet à Paris où il vit dans une grande
gêne.

1934. Il s'installe à Genève et collabore régulièrement à *La
Nouvelle Revue Française* qui publie en mai *Le non-
dualisme de Spinoza* (écrit avant son voyage aux États-
Unis). Sollicité par Jean Paulhan, il déclare « ne plus
savoir écrire de poèmes ». Il continue l'étude du sanskrit
et commence à rédiger un *Traité de grammaire et de
poétique sanskrites* qu'il perfectionnera tout au long de
sa vie.

1935. Toujours à Genève avec quelques brefs séjours à Paris.
Il publie ses premières traductions du sanskrit *(Nature
essentielle de la poésie, L'origine du théâtre de Bharata)*
et collabore à la revue *Mesures*. Son étude capitale *Les
limites du langage philosophique* paraît dans *Recherches
philosophiques*.

1936. Il s'établit aux environs de Paris. Il travaille pour l'*Ency-
clopédie Française Quillet*. Parution du *Contre-Ciel* qui
avait obtenu le prix Jacques Doucet l'année précédente.
Il recommence à écrire des poèmes en prose *(Les dernières
paroles du poète)*.

1937. Il achève *La Grande Beuverie* qui paraîtra l'année sui-
vante, à la N.R.F.

1938. Il publie dans *Mesures, Les pouvoirs de la parole dans
la poétique hindoue*.

1939. Il se retrouve sans travail à Paris. Projet d'un livre
sur « l'obscurantisme moderne ». En juin, un examen
médical révèle un état avancé de tuberculose pulmonaire.
Il part le mois suivant pour Pelvoux, dans les Alpes, où
il écrit le premier chapitre du *Mont analogue*.

1940. Il habite à Châtenay. Sa santé ne s'améliore pas et il
est en butte à de grandes difficultés matérielles. Il passe
l'été à Gavarnie, puis il va à Marseille. La revue *Fontaine*
publie *La Guerre sainte*.

1941. Il reste dans les Alpes à Allauch et passe l'été à Pelvoux,
toujours malade. Pour résoudre ses problèmes matériels

il traduit de l'anglais les études de Suzuki sur le Zen. Il collabore au numéro spécial des *Cahiers du Sud* sur l'Inde et commence à traduire certains passages du *Rig-Veda*, des *Upanishad*, de la *Bhagavad-gîtâ*.

1942. Il continue à habiter entre Allauch et Pelvoux. Il collabore régulièrement à *Fontaine* où paraissent *Poésie noire et poésie blanche*, *Quelques textes sanskrits sur la poésie* et *Mémorables*.

1943. Toujours à Allauch, en avril il écrit *Un souvenir déterminant*. En juillet se sentant mieux il pense terminer *Le Mont analogue*. En octobre il revient à Paris.

1944. Il continue *Le Mont analogue* (chapitre IV et début du chapitre V). Il meurt à Paris, le 21 mai, à l'âge de trente-six ans.

BIBLIOGRAPHIE

Le Contre-Ciel (1936).
La Grande Beuverie (1938).

Œuvres posthumes

Le Mont analogue (1952).
Chaque fois que l'aube paraît (1953).
Poésie noire, poésie blanche (1954).
Lettres à ses amis, I (1958).
Tu t'es toujours trompé (1970).
Bharata (1970).

Blaise Cendrars : *Poésies complètes 1912-1924 (Du monde entier*, suivi de *Dix-neuf poèmes élastiques, La guerre au Luxembourg, Sonnets dénaturés, Poèmes nègres, Documentaires)*. Préface de Paul Morand.

Blaise Cendrars : *Poésies complètes 1924-1929 (Au cœur du monde*, précédé de *Feuilles de route, Sud-Américaines, Poèmes divers)*.

Aimé Césaire : *Les Armes miraculeuses*.

René Char : *Fureur et mystère*. Préface d'Yves Berger.

René Char : *Les Matinaux*, suivi de *La Parole en archipel*.

Paul Claudel : *Cinq grandes Odes*, suivi de *Processionnal pour saluer le siècle nouveau. La Cantate à trois voix*. Préface de Jean Grosjean.

Paul Claudel : *Poésies*. Introduction de Jacques Petit.

Jean Cocteau : *Le Cap de Bonne-Espérance* suivi de *Discours du grand sommeil*. Préface de Jacques Brosse.

Robert Desnos : *Corps et biens*. Préface de René Bertelé.

Robert Desnos : *Fortunes*.

Paul Éluard : *Capitale de la douleur*, suivi de *L'Amour la poésie*. Préface d'André Pieyre de Mandiargues.

Paul Éluard : *Poésie ininterrompue*.

Paul Éluard : *La Vie immédiate*, suivi de *La Rose publique, Les Yeux fertiles*, et précédé de *L'Évidence poétique*.

Léon-Paul Fargue : *Poésies (Tancrède, Ludions, Poëmes, Pour la musique)*. Préface d'Henri Thomas.

Jean Follain : *Exister*, suivi de *Territoires*. Préface d'Henri Thomas.

André Frénaud : *Il n'y a pas de paradis*. Préface de Bernard Pingaud.

Jean Grosjean : *La Gloire*, précédé de *Apocalypse, Hiver* et *Élégies*. Préface de Pierre Oster.

Guillevic : *Terraqué*, suivi de *Exécutoire*. Préface de Jacques Borel.

Max Jacob : *Le Cornet à dés*. Préface de Michel Leiris.

Francis Jammes : *Le Deuil des primevères (1898-1900)*. Préface de Robert Mallet.

Pierre Jean Jouve : *Les Noces*, suivi de *Sueur de sang*. Préface de Jean Starobinski.

Pierre Jean Jouve : *Diadème*, suivi de *Mélodrame*.

Valery Larbaud : *Les Poésies de A. O. Barnabooth*, suivi de *Poésies diverses* et des *Poèmes de A. O. Barnabooth* éliminés de l'édition de 1913. Préface de Robert Mallet.

Patrice de La Tour du Pin : *La Quête de joie* suivie de *Petite Somme de poésie*. Préface de Maurice Champagne.

Michel Leiris : *Haut Mal*, suivi d'*Autres lancers*. Préface d'Alain Jouffroy.

Federico Garcia Lorca : *Poésies I, 1921-1922 (Livre de poèmes, Suites, Premières chansons)*.

Federico Garcia Lorca : *Poésies II, 1921-1927 (Chansons, Poème du Cante Jondo, Romancero gitan)*. Préface de Jean Cassou.

Federico Garcia Lorca : *Poésies III, 1926-1936 (Poète à New York, Chant funèbre pour I. S. Mejías, Divan du Tamarit et autres textes)*. Préface d'André Belamich.

Stéphane Mallarmé : *Poésies*. Préface de Jean-Paul Sartre.

Charles Péguy : *Les Tapisseries (La Tapisserie de sainte Geneviève et de Jeanne d'Arc, Les sept contre Paris, La Tapisserie de Notre-Dame, Sainte Geneviève patronne de Paris, Sonnets)*. Préface de Stanislas Fumet.

Benjamin Péret : *Le grand jeu*. Préface de Robert Benayoun.

Henri Pichette : *Les Épiphanies*. Préface de Louis Roinet.

André Pieyre de Mandiargues : *L'Âge de craie*, suivi de *Dans les années sordides* et de *Hedera*.

Francis Ponge : *Le parti pris des choses*, précédé de *Douze petits écrits* et suivi de *Proêmes*.

Raymond Queneau : *L'Instant fatal*, précédé de *Les Ziaux*. Préface d'Olivier de Magny.

Raymond Queneau : *Chêne et chien*, suivi de *Petite cosmogonie portative* et de *Le chant du Styrène*. Préface d'Yvon Belaval.

Pierre Reverdy : *Plupart du temps*, tome I. Préface d'Hubert Juin.

Pierre Reverdy : *Plupart du temps*, tome II.

Armand Robin : *Ma vie sans moi,* suivi de *Le monde d'une voix.* Préface d'Alain Bourdon.

Claude Roy : *Poésies.* Préface de Pierre Gardais et Jacques Roubaud.

Saint-John Perse : *Éloges,* suivi de *La Gloire des rois, Anabase, Exil.*

Saint-John Perse : *Vents,* suivi de *Chronique.*

Saint-John Perse : *Amers,* suivi de *Oiseaux.*

Georges Schehadé : *Les Poésies,* suivi de *Portrait de Jules* et de *Récit de l'an zéro.* Préface de Gaëtan Picon.

Jules Supervielle : *Gravitations,* précédé de *Débarcadères.* Préface de Marcel Arland.

Jules Supervielle : *Le forçat innocent,* suivi de *Les amis inconnus.*

Jean Tardieu : *Le fleuve caché (Poésies 1938-1961).* Préface de G. E. Clancier.

Henri Thomas : *Poésies.* Préface de Jacques Brenner.

Tristan Tzara : *L'Homme approximatif.* Préface d'Hubert Juin.

Paul Valéry : *Poésies (Album de vers anciens, Charmes, Amphion, Sémiramis, Cantate du Narcisse, Pièces diverses de toute époque).*

Paul Valéry : *Eupalinos, l'Ame et la danse, Dialogue de l'arbre.*

Louise de Vilmorin : *Poèmes.* Préface d'André Malraux..

Ce volume,
le soixante-troisième de la collection Poésie
a été achevé d'imprimer
le 5 Octobre 1970
sur les presses de l'imprimerie Firmin-Didot

Imprimé en France
N° d'édition : 15337
Dépôt légal : 3e trimestre 1970. — 5380